関西学院大学研究叢書第１２９編

追憶する社会

神と死霊の表象史

山　泰幸

新曜社

まえがき

「千の風になって」のブームにも現れているように、現代社会は、亡くなった身近な死者に対する生者の思いが強く意識される時代を迎えている。もちろん、歴史学や人類学の成果が明らかにしているように、古今東西を問わず、死者（の霊）に対する信念と行事の体系とそれにともなう感情は普遍的に見られる。しかし現代社会は、残された者たちの深い悲しみの感情が個々人の内面に閉じ込められることなく表面化し、さらには、繊細なケアが求められる対象として認知されるようになっている。

フランスの社会学者マルセル・モースは、共同体成立の根底に、生者と死者（の霊）との原初の交換を見る。ここでいう交換とは、神々や死者（の霊）からの恵みと、それに対する生者からの儀礼的な返礼を指しているが、それは物質的な交換だけでなく、同時に畏怖や感謝の念など精神的な交換である。とくに重要なのは、生者と死者との原初の交換を根拠として、共同体の外の存在である他者、すなわち外来者である異人との交換が可能になる点である（Mauss 1968=1973）。

以上のような、死者（の霊）といった不可視の存在への想像力に支えられた社会秩序のあり方を、社会学者の荻野昌弘は、「追憶の秩序」と名づける。

追憶の秩序とは、資本主義システム形成の契機になった変化を明らかにするという、荻野が設定した課題を遂行するための理論モデルであり、商品経済が共同体内部に拡大することを制約する共同体の習俗の秩序を意味している。追憶の秩序は、共同体の成員と同一性をもちながら、どこか異質な存在である「両義的な他者」（たとえば商人）が、共同体内部で活動することを制約する。そして、共同体の危機に際して、こうした他者をスケープ・ゴートにすることで解決を図る排除のメカニズムを備えている。共同体が語り伝えてきた異人にまつわる陰惨な伝説の数々には、その痕跡が刻まれている。荻野によれば、資本主義システムが可能になるためには、追憶の秩序が崩壊し、両義的な他者の存在を受容する社会秩序、すなわち近代社会の成立が要請される。その契機となった変化が、「他者像の構成」であるという。荻野は、以上のような観点から、他者像の構成過程を詳細に明らかにする（荻野 1998）。

近代社会の成立には、他者像の構成とともに、もう一つの重要な契機があったと本書は考える。それは、死者の表象という契機である。近代社会は、追憶の秩序を破棄するのではなく、むしろ積極的に再編成し、死者に関する言説やイメージ、記憶や情念を取り込むことで成立する「追憶する社会」なのである。

本書は、死者を追憶する社会としての近代社会の起源を探ることをめざしている。しかし、これはたんなる過去の問題ではない。国民国家と強力に結びついた死者の追憶から、「千の風になって」のブームに見られるような、個々人の私的な感情に結びついた死者の追憶が前景化する時代へ、現代社会は新たな展開を迎えている。追憶する社会は、現在進行形のまさしく現代的な問題なのである。追憶する社会の成立過程を辿ることは、死者への思いを抱えながら生きていかざるを得ない、私たちの〈生〉の現在を知ることにつながるだろう。

目次

装幀　鷺草デザイン事務所

第1章 「神殺し」の記憶——外来者のフォークロアをめぐって

1 神秘的な外来者

得体の知れない霊たちが争い、跳梁跋扈する世界。私たちの記憶の奥底には、恐ろしくも妖しい神々の記憶が眠っている。もしもそのような神々の記憶が、ごく身近に語り伝えられていることを知るならば、おそらく人は戦慄を覚えるに違いない。

「人身御供《ひとみごくう》」という言葉を聞いたことがあるだろうか。若い娘を「生贄《いけにえ》」に捧げる習俗のなごりといわれ、毎年、人形を娘の身代わりに奉納する祭りを伝える神社がある(1)。兵庫県西宮市にある岡太《おかた》神社である(写真1-a)。地元の民話集『西宮ふるさと民話』には、この祭りの起源として、次のような伝説が収録されている。その概略を紹介してみよう。

写真 1-a　岡太神社「一時上臈」の説明板
兵庫県西宮市小松南町　2008 年 2 月 24 日筆者撮影

鳴尾の小松に岡太神社があります。この神社の森に、大きな狒々《ひひ》が住みつくようになりました。狒々の体はとてつもなく大きく、暴力をふるいどうすることもできませんでした。村人たちは、大事に育てた作物を荒らされたり、住む家をこわされたりして、困り果てていました。狒々は、「毎年一人ずつ娘を連れてこい！」と言い出しました。「どの娘にするかはわしが決めてやる。屋根に白羽の矢がたてられた家の娘を、神社の森につれてくればよいのだ！」と、大声でどなりつけるのでした。村人は、毎年娘をささげなければ、村を守っていくことができませんでした。来る年も来る年も、どこかの娘が犠牲になっていきました。

この村に、豪傑で名の知られた岩見重太郎という人がやって来ました。村人たちは、食べ物、宝物はもちろん、娘までささげなければならない悲しみを訴えました。そして、娘を神社の森へ連れて行く夜になりました。重太郎は娘になりすまして、長持ちの中へ刀をしのばせて入りました。長持ちが本殿に置かれているのを見て、狒々はふたを開けました。そのとたん、重太郎は刀をぬいてとび出し、みごとに狒々をたおしてしまいました。

今、この岡太神社には、「一時女郎《いっときじょろう》」という古い形式の祭りが残っています。岩見重太郎が狒々を退治してから後、娘の身代わり人形を神社に奉納し、お祭りをするようになったということです（西宮市郷土資料館編 1990: 33–38 より要約）。

この伝説には、二つのタイプの外来者が登場している。一つは、神社の「森」を住処とし、生贄を要求する恐ろしい「狒々」である。そして、もう一方の外来者が、その「狒々」を退治した岩見重太郎という「旅人」である。この伝説は、「森」と「道」という二つの外部から訪れる外来者によって構成された伝説ということができるだろう。

2 「森」からの外来者

さて、この伝説は関敬吾編『日本昔話大成』の昔話の話型を参考にすれば、「猿神退治」に相当する筋をもった伝説であることがわかる（関 1979）(2)。民話の研究者たちは、この「猿神退治」に長らく強い関心をもってきた。その理由は、「生贄」という習俗が村落共同体の秩序維持システムとして機能していることが、説話のなかにはっきりと描き込まれていたからである(3)。たしかに、民話のなかに村落共同体の秩序を読み込もうとする社会学的な解釈にとって、生贄のモチーフは魅力的な題材である。

しかし、生贄から距離をおいてみると、「猿神退治」とは異なるさまざまなタイプの話が視野に入ってくる。たとえば、「猿聟入《さるむこいり》」と呼ばれる昔話は、およそ次の通りである。

昔、三人の娘をもった父がいた。春になっても田に水がかからなかった。父は困ってしまった。「誰でもいいから、田に水をかけてくれれば、私の娘を一人呉れてやる」と言った。すると、それを聞いた山の猿が、田に水をかけてやった。父は喜んだが、猿との約束が心配で何も食べられない。一番年上の娘に、猿の嫁に行ってくれと頼むが断られ、次の娘にも断られる。三番目の娘に頼むと、娘は自分が猿の嫁に行くので、心配しないで飯を食うように言う。次の日、猿が嫁をもらいに来る。娘は猿についてどんどん山へ入って行った。ある谷の路を通ると高い崖の上に、一本の桜が咲いていた。娘は猿にあの桜が欲しいと言った。猿は木に登った。娘がもっと上、もっと上と言うので、猿はとうとう木のてっぺんに来た。それでも娘がもっと上と言うと、細い枝がぽっきり折れて猿は落ちて死んでしまった（川合［1930］1973: 28–31より要約）。

なんとも残酷な話である。爺の仕事を手伝った善良な猿が、その見返りに獲得した「嫁」から最終的に殺害されるというのが、この話の筋である。この「猿聟入」をはじめとする、人間と動物が性的交渉や婚姻関係をもつ話を「異類婚姻譚」と呼ぶが、そのうち「異類聟」型の昔話だけを例にしてみれば、聟として登場する動物は、猿、蛇、河童、鬼、蛙、蟹、犬、蜘蛛など多様である。「異類婚姻譚」は比較的話の骨格が明確であることから、構造分析や形態論的構造分析の立場から研究が蓄積されてきた。

たとえば、「猿聟入」とほぼ形態論的に共通の構造をもつ「異類聟」型として研究者に注目されてきたものに、「蛇聟入・水乞型」と呼ばれる昔話がある(4)。

昔、娘を三人もった爺がいた。日照りで田の水がかれて困っていた。それで、仕事の終わりに「田に水をかけてくれる者には、娘を嫁にやる」と言って家に帰っていた。翌朝、田にはたっぷりと水が張られていた。爺は蛇がやったに違いないと思い、困り果てて三人の娘に話したが、長女も次女も蛇の嫁になるのを断った。しかし末娘は承知した。娘は、鉄《くろがね》の小刀千丁と千成瓢《せんなりひさご》千個を爺に買ってもらい、蛇の沼へと行った。娘は千成瓢を沼いっぱいに播いて、「千成瓢を全部沈めたら、沼に入る」と言った。すると大きな蛇が現れて、千成瓢を沈めようと浮き沈みしはじめた。蛇の腰や頭に、娘が鉄の小刀を突き立てると蛇は死んだ。娘は家に帰り、家の財産をみんなもらって、楽に暮らした（野村編 **1972: 48–53** より要約）。

小松和彦は、この「蛇聟入・水乞型」の昔話と、生贄のモチーフをもつ雨乞い譚を比較して、生贄と婚姻とは一見した限りでは大きな違いであるが、形態と構成要素の両面から見て、同一の歴史的・構造的系統の話であることは明らかであるとし、次のように述べている。

すなわち、〝生贄〟のモティーフを〝嫁入り〟のモティーフに変えただけなのだ。「蛇聟入・水乞型」の説話のなかには、雨や水をえるために娘をくれてやる、と語っているものがある。この「くれてやる」という言葉はあいまいな語で、生贄ともとれるし、嫁ともとれる。もっとも、両者の差異は、大蛇が娘を実際に食べるか、性交のメタファーとしての〝食べる〟という違いであって、その点では、関敬吾が、この双方を同一のカテゴリーに含めたのは正しかったというべきだろう（小松 1987: 91-92）。

婚姻と生贄のモチーフ解釈の妥当性は定かではないが、たしかに、両者は形態論的に類似した構造をもつといえるだろう。それと同様に、婚姻をモチーフとする「猿聟入」と、生贄をモチーフとする「猿神退治」もまた、非常に類似した構造をもつといえるはずである。しかし、ここで重要なことは、婚姻と生贄のモチーフの類似性に着目することではなく、その差異を可能にしている条件を確認しておくことである。

「猿聟入」には、退治する側として、旅人のように「道」からやってくる外来者はいない。「猿神退治」では、旅人が登場することによって、猿が退治されたのに対して、「猿聟入」では、嫁に出された「娘」自身が猿を退治しているからである。言い換えれば、「猿神退治」は、「旅人」という外来者の登場を重要な構成要素としているのである。

「猿神退治」には、さまざまなヴァリエイションがあり、このタイプの「猿神退治」も典型的な話の一つといえるが、これとは別にもう一つ微妙に異なった話がある。たとえば、『今昔物語』巻二十六第八「飛騨国猿神止生贄語」に見える次のような話である。

旅の僧が、飛騨の山奥の村のある家に宿泊する。僧は大変な歓待を受け、娘まで与えられて夫婦となった。やがて妻から、この村では年に一度、村人が順番に生贄を土地の神に差し出すことになっており、今年は妻の番だったが、僧を身代わりにするつもりだったと知らされる。その神に姿が猿であると知った僧は、刀を隠しもって身代わりとなり、見事、猿神を退治した。

このタイプの「猿神退治」が興味深いのは、婚姻の対象となりうるのは、旅人という「異人」ではあっても、猿という「異類」ではないことが告げられているからである。旅人の登場によって、異類との婚姻のモチーフは、異類への生贄のモチーフに変わっていると理解できる(5)。これは、「猿聟入」に登場する「善良」な猿が、「猿神退治」では恐ろしい狒々に変化していることによく表れている。つまり、旅人の登場によって、「森」からの外来者は退治されるべき「化物」としての属性をより強調して描かれることになる。

3 「神殺し」をめぐるフォークロア

神から猿へ

『今昔物語』に見られる「猿神退治」と、岡太神社の話では、旅人と娘が婚姻する／しないという違いはあっても、どちらも旅人が娘の「身代わり」になる点で共通していた。注意したいのは、岡太神社の話では、猿神を退治するために旅人が自ら進んで身代わりとなったのに対して、『今昔物語』では、村人は最初から旅人を娘の身代わりに猿神への生贄にしようと待ち構えていた点である。前者は、退治を前提とした身代わりであるが、後者は、身代わりの生贄を前提として、結果的に退治することになったといえる。

身代わりの生贄を前提として、結果的に退治する話の場合、身代わりは、村を守るために猿神への生贄の習俗を基本的に維持しながら、同時に娘を守るために、村人が考案した戦略ということになる。村人が猿神を退治することを望んでいたかどうかはわからない。むしろ、猿神を退治するという考え自体、思いつくこともなかったのではないだろうか。村人にとって、猿神はあくまで「神」として捉えられている。

一方、退治することを前提とした身代わりは、猿神の退治を切望する村人のために、旅人が提案した戦略ということになる。ここでの猿神は、村人にとって「神」ではなく、はっきりと「猿」と捉えられている。

村人が最初は「神」と認識している「猿神退治」が、最初から「猿」と認識している話と決定的に異なるのは、前者の話が、旅人による「神殺し」を語っていることである。つまり、村落共同体の「神」に対する認識が変化した事件を描いているのである。

岩見重太郎の狒々退治

これと同様の話が、大阪市西淀川区の野里住吉神社に伝わる「一夜官女」の神事の由来譚として語られている。神社の説明板「〝野里住吉神社一夜官女の祭（乙女塚）の由来〟」（写真1−b）によれば、お

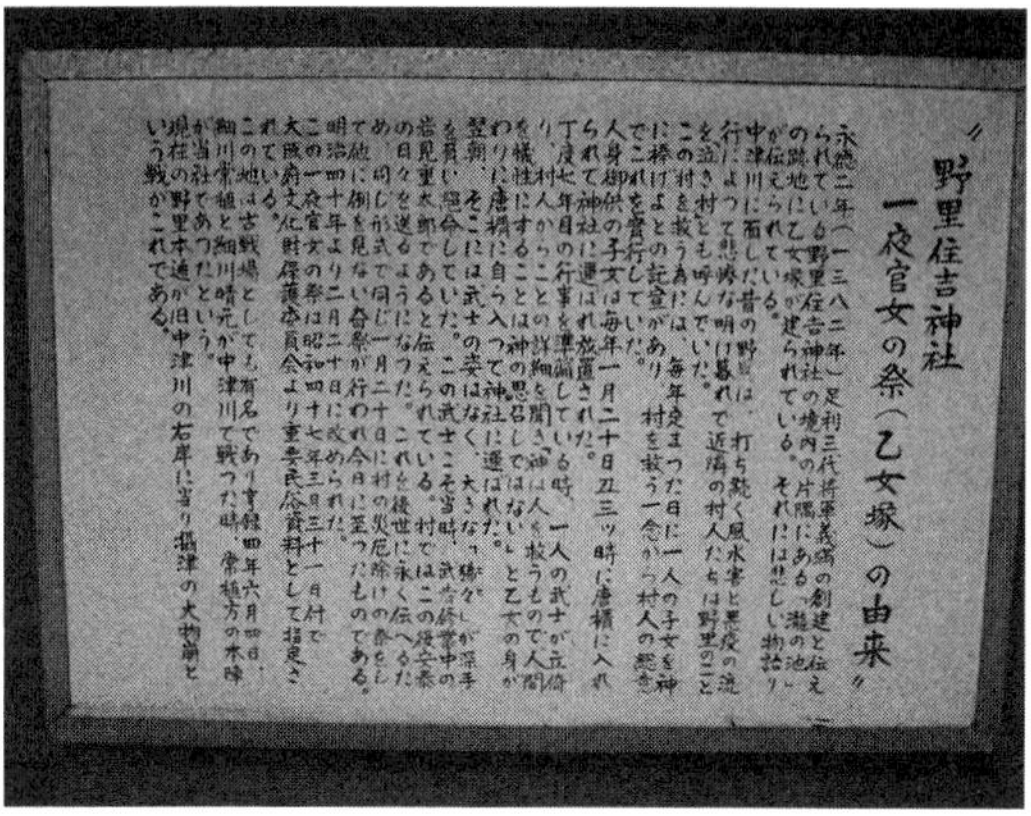

写真 1–b 野里住吉神社「一夜官女の祭」説明板
大阪市西淀川区 2008年2月29日筆者撮影

よそ次のような話である。

かつて風水害と悪疫の流行に脅かされていた村が、神の託宣によって、毎年、子女を生贄に捧げることになったという。ちょうどその七年目に、一人の武士が立ち寄り、「神は人を救うもので人間を犠牲にすることとは神の思し召しではない」と乙女の身代わりに唐櫃《からびつ》に自ら入って神社に運ばれた。翌朝、そこには武士の姿はなく、大きな狒狒が深手を負い絶命していた。この武士こそ当時、武者修行中の岩見重太郎であるという。

周知の通り、岩見重太郎の狒々退治は、講談でよく知られた話であり、大衆小説や少年雑誌など、戦後のある時期までは頻繁に取り上げられた有名な話である。ここで、登場人物の名前を重視すれば、一般に流布していた物語がこの地に根づいたとも考えられる。

この点に関して、野里住吉神社の岩見重太郎伝説の変遷を調査した田野登によれば、一九二七（昭和二）年に当時の神職の話を書き取った記録が最も古く、その段階では、岩見重太郎が退治したのは、「狒々」ではなく、「悪龍」であり、村の困窮や人身御供、身代わりなどのモチーフも欠けており、退治したという事実だけを述べる単純な話となっている。そして、現在の話に近い最も古い記録は、身代わりについては明示していないが、沢田四郎作・高谷重夫による一九六三年の調査報告だという（大阪府教育委員会1963）。したがって一九二七―六三年の間、戦争を挟んで、講談ネタが文字を媒介とする文芸講談として流布して、この地に定着したと考えられる（田野2007: 103）（図1-a、1-b）。

以上の指摘に従うとすれば、野里住吉神社の伝説は、文芸講談の影響を受けながら、かなり近年になって、現在のような形になったことになる。さらに、「野里の神事に岡太神社の神官が見学に来たことがあると聞くので、野里の伝承が小松（引用者注：岡太神社の所在地）に伝わった可能性もある」とされる（田野2007: 85）。これを裏づけるように、岡太神社社務所で配布されている『小松の昔ばなし』（印刷年不詳）では、次のような話になっている。

その昔、小松の村が打ち続く風水害や獣類の被害等で田畑が荒れ疲労困憊していたとき、村人を救うためには毎年定めの日に一人の子女を神に捧げよとの託宣があり、その年、白羽の矢が打ち込まれた家の子女が人身御供と定められていました。唐櫃に入れられた子女は他の神饌と共に、丑三《うしみ》つ時に神社に運ばれるのです。この行事を始めてから村に災害はなくなったものの、村人は怯えきった生活を続けねばなりませんでした。ある年、一人の武士が立ち寄り村人の嘆き悲しむ子細を聞き、神は人

図 1-a　絵本「岩見重太郎」表紙
大日本雄弁会講談社　1936 年発行　筆者所蔵

図 1-b　同上　猿退治の場面　筆者所蔵

を救うが犠牲を強いるものではない、自分が身代わりとなって唐櫃に入り真相を確かめようと申し出ました。人身御供の夜、ドス、ドスという音がして何者かが唐櫃に近づき蓋を開けようとしたとき、武士はパッと飛び出して切りつけました。翌朝、村人が行ってみると大きな狒狒が絶命していました。この武士こそ武者修行中の岩見重太郎であったとのことです。これは昔、岡太神社の杜に大きな狒狒が住みつき田畑を荒らし傍若無人の行動をしていたときの話です(6)。

風水害や獣害などで困窮している村人たちに対して、毎年子女を捧げよと託宣があったこと、また「神は人を救うもので人間を犠牲にすることは神の思し召しではない」と乙女の身代わりに唐櫃に自ら入ったことなど、野里の説明板と細かい部分まで酷似している。

ところが一方で、野里住吉神社の方も、一九六三年の報告書(大阪府教育委員会 1963: 64)や一九七六年『大阪の伝説』では、最初から「狒々」が登場しており、「邪神」である狒々を退治したとある。(庄野・中村 1976: 20–21)。一九八〇年『大阪の伝説』に収録されたヴァージョンでは、冒頭は「昔、野里の村に不思議な化物が出て、田畑を荒らし、村人は困っていた」とあり(大阪府国語科教育研究会編 1980: 11–15)、最初から「狒々」と認識しているわけではないが、しかし、「神」ではなく、「化物」と認識している。

化物退治譚

これらの二つの神社の伝説のいくつかのヴァージョンと、冒頭に紹介した岡太神社の話との大きな違いは、後者が、託宣や占いというモチーフが欠けている点である。そのため、狒々が生贄を要求するという単純な流れになっている。逆に、これらのいくつかのヴァージョンは、お告げをした「神」と「狒々」とが、同一の存在なのか、それとも別の存在なのか、あいまいなまま話が展開しているようにみえる。しかし、「神」のお告げに対して、岩見重太郎がそれを破棄して、狒々退治を行うのと対応するように、話の中でお告げをする「神」が占める比重は低い。その極端なかたちが、狒々が直接、生贄を要求する冒頭の話である。つまり、すでに「神殺し」が言説の無意識として一般化しているからこそ、話の中で最初から「狒々」が登場し、それを退治することが可能になったと考えられる。これらのいくつかのヴァージョンは、すでにその深層で「神殺し」が行われたうえで、「狒々」を殺しているのではないだろうか。

このような化物退治譚が流布するようになった背景については、桃太郎の鬼退治の昔話が戦意高揚に利用されたことが極端なケースであるが、戦争を挟んだ時期の支配的な言説を視野に入れながら考察する必要があるだろう。いずれにしても、特定の伝説や昔話が語り出される背景には、それらの昔話や伝説を支えて厚みを与えている言説群があり、それらの言説群との相関関係から読み解かなければならない。

4　殺される神々

さて、村落共同体における「神」認識の変化という問題に戻ると、最初は「神」として認識されていたが結果的に「猿」と判明するタイプの「猿神退治」は、「森」からの外来者が、正体を隠したまま訪れて、最終的には正体が明かされて殺害される話として一般化できるだろう。このような観点から昔話を眺めてみると、「蛇聟入」型の昔話のもう一つの代表的タイプ「蛇聟入・苧環《おだまき》型」が思いうかぶ。たとえば、次のような話である。

娘のもとに男が通ってくる。親の助言で男のかみしもの肩に針に糸を通して刺しておく。親が糸をたどっていく。糸は山奥の池の中に入っている。黒鉄を刺されたから命はないが、娘に子を宿した。しかし蓬、菖蒲の湯に入れば子は下りるといっているのを聞く。話の通りにすると子は下りる。それから五月の節句の日には、蓬、菖蒲の湯に入る（関 1978a: 36）。

この「蛇聟入・苧環型」は、昔話だけでなく、伝説として伝えられている場合も多く、日本各地に伝承されている。また、朝鮮半島においても伝えられているように、東アジアに広範に見られる伝説といえる(7)。

この型の昔話が伝説として語られる場合には、蛇の子は堕胎されることなく、村落共同体内部の特定の家の祖先になった場合が多くあり、それらの家が、かつての庄屋やさらに中世の豪族に遡る可能性があることから、権力の正統性の起源を物語る、日本神話に登場する三輪山の神婚説話と同系統の伝説として注目を浴びてきた(8)。

しかし、この話が「神」の正体が暴かれて殺されたり、その子が堕胎されたりするように、かつては権力の正統性の起源を語る神話であったものが、もはやそれが通用しない時代になって変化した結果と理解する立場もある(9)。

こうした解釈が正しいかどうかはわからないが、少なくとも外来者に象徴される「森」のイメージが変化したことは確かではないだろうか。もはや「森」は、人々をはるかに超える力をもつ「神」の住処ではなく、人々に容易に退治されてしまう「猿」や「蛇」の住処に変わったのである(10)。

5　もう一つの「神殺し」

「道」からの外来者

「森」からの外来者を「神」ではなく、「猿」や「蛇」としてその正体を暴いたのは、旅人であった。しかし、この話を旅人に焦点を合わせてみれば、この旅人は化物を退治するような非凡な力を備えているとはいえ、あくまで人として描かれていることに注意しなければならないだろう。「道」からの外来者もまた、超越的な力をもった「神」ではなく、最初から「人間」として登場する。これは、「森」をめぐるイメージだけでなく、「道」をめぐるイメージもまた変化したことを意味すると考えられる。というのも、「まれびと」という言葉に代表されるように、多くの研究者が注目してきたのは、「道」から外来者が「神」として表象されるフォークロアであったからである。

たとえば、次のような話である。

吹雪の夜、五人の六部《ろくぶ》が来て宿を乞う。貧乏で着せるものはないから隣の家に行ってくれと言う。六部は泊めるのがいやかとたずねると、食物がないと言うとみな上がり込む。主人は火を焚いてあたらせ、筵《むしろ》をかけてやる。翌朝、飯を食わせようと隣に米を借りに行くと断られる。稗飯を食わせようと思って揺り起こすと筵の下から木箱が転がり出る。五人とも同じ箱になって大判小判が入っている。貧乏人は長者になる。――岩手県江刺市（関 1978b: 37）

これは、「大歳の客」に分類される話型である。何の前触れもなく、ある日、旅人が訪れ、一夜の宿を乞う。結末で旅人が富に変わっているように、「大歳の客」は、神秘的な来訪者が人々に富をもたらす物語である。次のような話もある。

爺と婆がおり、爺は毎日網笠を売りに行く。ある日、六体の地蔵が雨に濡れているので、笠をかぶせてやる。その話を婆としていると、和尚が六人訪ねてきて、宿を乞う。ふとんがないとことわるが、なくてもよいと言うので泊める。翌朝起きてみると、和尚はおらず、お金が置いてあった。爺婆は金持ちになった。――島根県邇摩郡（稲田・小澤編 1978: 216）

これは「笠地蔵」に分類される話型である。最初に爺が地蔵に笠を贈与することが描かれているように、旅人が「地蔵」であると示唆されている。「笠地蔵」は「大歳の客」に比べて、旅人が「神」であることをより明確に描いた話といえるだろう。ところが、「大歳の客」には、次のようなヴァリエイシヨンも存在する。

爺と婆の家に六部が泊まり病気になって急死する。灰の中に埋めておくと翌朝金になっている。隣の爺婆が、つぎの年の大晦日に無理に六部を泊め、熱灰の中に埋めて殺してしまう。——新潟県見附市（関 1978b: 27）

宿泊した六部が病気で急死しているが、翌朝金に変わっているのは同様の結末である。注意したいのは、それを真似した隣の爺婆が金を得るために、六部を最初から殺害することである。次の話では、この点がよりはっきりと描かれている。概略を紹介してみよう。

昔、一人の六部が、晩方、ある百姓家にやって来た。草鞋の切れ具合を見たら、どっさり金を持っていそうなので、百姓は喜んで泊めた。夜中に「坊さん、坊さん、枕がはずれていますよ」と言って、六部が頭を持ち上げたとたん、首を切ってしまった。そして、六部を殺して取ったお金で立派な家を建てたという。

それからまもなく、男の子どもが産まれた。生まれつき一言も口をきかない。その子どもが十二、三になったある名月の夜、子どもがすくっと立って、外に出て、そして「お父さん、ちょうど今夜のような晩だったね」と言うので、ハッと思って子どもの顔を見たら、六部そっくりな顔で、じっと睨んでいたという（佐々木 1975: 101–103 より要約）。

この話は、「こんな晩」として分類される昔話である。所持金を目あてに旅人を殺害したこと、そしてその旅人の「死霊」の祟《たた》りとして、その家の子どもが一言も口をきかないことが描かれている。さらに、「こんな晩だった」と語る子どもの顔が旅人そっくりであることから、旅人の「死霊」が憑依していると見なしうる話である。

「こんな晩」は、いつのどこの話かがわからない点で、「昔話」の性格を備えていると見ることもできるが、その一方で、殺された旅人の祟りの発現として、不幸な出来事を捉えて因果論的に物語を構成する点できわめて説明的であり、具体的な土地や家などの固有名詞に結びつけば、いつでも伝説化しうる条件を備えていることがわかる。これが特定の家の不幸の原因を説明する話として語られていくと、いわゆる「異人殺し」伝説になるのである。

神から人へ、富から貨幣へ

ここには、「笠地蔵」のように、富をもたらす「神」の姿はない。旅人を殺害し、その所持金である「貨幣」を強奪することによって、富を獲得したことが描かれている。「道」からの外来者は、神秘的な力をもった「神」ではなく、容易に殺されてしまう人間にすぎない。ここには、もう一つの「神殺し」のフォークロア、つまり、「神」から「人」へ、「道」からの外来者に対する認識の変化が描かれている。それればかりでなく、そこで得られるものが「笠地蔵」のもたらす「富」から、旅人の所持する「貨幣」へ、性格も変化しているのである。

では、なぜ旅人は貨幣をもっていたのだろうか。一つの素朴な答えは、このようなフォークロアが流布した背景に、商売人や薬売り、物見遊山の巡礼など、以前よりも大金を所持した旅人が増加したと想定することだろう。だが、こうした答え方は、社会的・経済的条件を実体化し、伝説や昔話といったフォークロアを、そこに回収するだけになってしまう。「こんな晩」や「異人殺し」が習俗の言説＝神話に根をもつことが明らかな以上、そこに固有の働きを見定める必要があると思われる。つまり、ここでの問いは、なぜ訪れる神は富をもっていたのか、である。

以下では、習俗の言説＝神話の働きを注視するなかで、その答えを探っていくことにしたい。

注

（1）この神社は、「縁切りの神」といわれ、そのため結婚式は行われておらず、嫁入り道具を運ぶ自動車も、神社の北側の旧国道を避けて通るという。また、かつて嫁入り行列が出ていた時にも、鳥居の前は通らず、もし通る場合には、一行が尻まくりをしたといい、その姿がおかしいので、「おかしの宮」と呼ばれるようになったという説もある（黒田 2004: 451）。

（2）「昔話」は、「むかしむかしあるところに」で始まるように、いつどこのことなのかわからない、固有名詞を含まない話であり、本当かうそかわからない話とされる。それに対して、「伝説」は時代や人物などを示す固有名詞を含み、特定の土地に根ざした話であり、当該社会においては「歴史的事実」とされるものである。さらに「神話」は、たとえ荒唐無稽な内容であっても、当該社会においては疑うことの許されない聖なる真実の物語とされる。以下では、これら「昔話」「伝説」「神話」など、おもに口承で伝えられてきた話の総称として、民間説話の略語の意味で「民話」という言葉を用いる。これに文献に記録された同様の話も含める場合には「説話」という語を、また、口承で伝えられている昔話と伝説を包括してとくに指す場合には「フォークロア」を使用する。また、それらの話が人々の生活世界にリアリティを与えたり、社会の根底を支えていたりするなど、特定の機能を有すると見なせる場合には、民話のジャンルの一つとしての「神話」とは別の意味で、「神話」と表現する。なお、以下で取り上げる昔話の呼称は、日本の昔話をほぼ網羅・分類した関敬吾の話型に基づく。

（3）生贄譚の研究には、別のヴァージョンもある。たとえば、赤坂憲雄は、「猿神退治」を典型とする「人身御供譚」を分析した論考において、「人身御供譚は〈神話〉の位相をかかえこんでいる。それは共同体の起源に横たわる原初の供犠とそれをつうじての秩序の創出を、かすかな痕跡としてくりかえして物語る。人身御供譚はあきらかに、原初の供犠を再現しつつ隠蔽するメカニズムなのである」と述べている（赤坂［1985］2001: 174）。説話が生贄という習俗の「終焉」を語っていることに着目している点で、生贄それ自体を取り上げて秩序維持システムを抽出しようとする議論とは一線を画しているといえるが、しかし、説話を共同体の秩序維持システムに関連づけて語っている点では、従来の議論と同様の問題構成の延長にあるといえる。なお、このテーマの研究の現状は六車（2003）に詳しい。

（4）「異類婚姻譚」研究の現状については、川森（2000）を参照。昔話の引用にあたっては、川森の要約を参照した。

（5）「蛇聟入・水乞型」と同様の構造をもつとされる『土佐昔話集』所収の「乙の姫」では、生贄に捧げられた姫自身が法華経の力によって大蛇を除去する話となっており、生贄のモチーフが必ずしも異人の登場と結合しているわけではないといえるが（小松 1987: 23）、しかし、重要なのは、異人の登場が生贄と婚姻のモチーフの差異をはっきりと示してしまう点である。

（6）以上の話に続けて、次のような説明が付加されている。「毎年岡太神社の例祭には、新穀への感謝と地域の平穏無事を祈願して一時上臈の神事が斎行されます。その年の当屋から、米、酒、餅、柿、栗、ざくろ、柚などの神饌を唐櫃に入れ、その上に紅白の宝冠様の御幣を差立てて奉献されるのです。この行事は天慶九年（九四六年）から続けられ、西宮市の重要無形民俗文化財に指定されていますが、岩見重太郎の話はさておき、人身御供の遺風と関わりがあるのではないかと云われています」。この配布資料の印刷年は不明だが、岩見重太郎の話にも、また、人身御供の遺風という説にも、距離をおいていることがわかる。

（7）韓国では、正体不明の美男子の後を、糸をたどってつけていくと、山中に見事な高麗人参があり、それを採って幸せになったという伝説もある。韓国昔話の話型については、崔（1976）参照。

（8）このタイプの説話は人類学的には「外来王説話」として整理される。代表的な分析として、上野（1985）がある。

（9）この点は、「蛇聟入・苧環型」の伝説に現れた人々の空間認識を探る佐々木（2003）に詳しい。

（10）しかし、このことは「森」をめぐるイメージが枯渇したことを意味するわけではない。「森」をめぐって、ハイキングやキャンプ、環境保護運動など、人々と「森」との関わり方や思想の多様性に応じた新たな「語り」、すなわちフォークロアがつねに語り出されているからである。「森」をめぐる「語り」に注目する民俗学の成果として、アルブレヒト・レーマン（Lehmann 1999=2005）がある。また、寺岡（2003）では、健康言説と空間実践の関係をハイキングや登山を事例に取り上げており、興味深い。

第2章　来訪する神──昔話「笠地蔵」をめぐって

……貨幣をめぐる諸問題を考える上で、外見、幻影、それに疑いをはさむ余地もないような、いわば信仰ともいうべき「神話」がいかに重要であるかを論証している。わたしたちが所有している貨幣、わたしたちと共に発展してきた通貨、そしてそれを管理する制度は「実在的」であり、かつ「合理的」だと信じられている。それでも、外国の紙幣がただの紙きれにすぎないように、外国の硬貨が価値のない金属片のように見えるときもある。たとえ、それらの通貨が高い購買力を有しているとしてもである（ミルトン・フリードマン『貨幣の悪戯』斎藤精一郎訳、二四頁）。

1　貨幣と民俗学

小松和彦が、「民俗学では、社会変動が論じられることは少なく、まして貨幣の問題が論じられることはまったくといっていいほどなかった」と述べているように、日本民俗学においては、これまで民俗社会における貨幣を正面から取り上げることはなかった（小松［1989］1997: 75）。たとえば、『民俗学辞典』や『日本民俗辞典』においても貨幣の項目は見当たらない(1)。その理由として、貨幣が民俗社会に見出されなかった、あるいは貨幣経済以前の社会として民俗社会が捉えられていた、などが考えられるが、いずれにしろ民俗学にとって貨幣は、これまでほとんど関わりのない、どちらかといえば相性の悪いものであったといえるだろう。

しかし、貨幣に限定せずに、民俗社会の経済的側面、とくに経済史的脈絡からの研究へ視野を広げれば、かなりの蓄積がある。なかでも、貨幣経済の浸透という社会経済史的な背景を踏まえたものが、憑きもの筋をめぐる研究である(2)。憑きもの筋をめぐる研究の多くは、社会構造の分析に立脚点をおいており、その一般的な結論は、憑きもの筋とされる家筋は富裕な農家が多いことから、近世における貨幣経済への転換期に生まれた新興成金に対する「妬み」にその発生の原因を求めるものであった(3)。

一方、そのほかに社会経済史的背景を踏まえたものとして、家の盛衰をめぐる伝説の研究があげられる(4)。たとえば、異人殺し伝説は、家の盛衰をめぐる伝説のなかでも主要な位置を占めており、貨幣経済の浸透という社会変動を説明するために、民俗社会が語り出したとされる(5)。

たしかに、家の盛衰をめぐる伝説は、特定の家の盛衰を因果論的に説明するための装置と見ることができよう。しかし、伝説が説明として受け入れられ効力を発揮するためには、伝説を背後から支える、家に対する何らかの観念があったと考えられる。郷田（坪井）洋文はこうした家の盛衰をめぐる伝説を、「常民の家に対する信仰的通念」と呼んだ（郷田 1954: 25）(6)。

「常民の家に対する信仰的通念」とは、民俗社会が世界を理解するための解釈枠組み、すなわち「神話＝フォークロア」ということができる。そして、これが大切な点だが、家の盛衰伝説に限らず、解釈枠組みとしての神話＝フォークロアが幾重にも層をなして堆積しているのが、民俗社会なのである。むしろ、無数の神話＝フォークロアの集積体こそが民俗社会かもしれないのだ。

したがって、個別的表現としての家の盛衰伝説に限らず、これに対応する昔話の検討も合わせて行わなければならない。むしろ、その普遍的性格のゆえに、民俗社会の「深層の現実」が反映されやすい昔話を抜きにしては、解釈枠組みとしての神話＝フォークロアの分析はありえないといえよう（小松[1985]1995: 65）。たとえば、家の盛衰と対応関係にあると考えられてきた昔話はいくつかあり、「座敷童子」伝説には「竜宮童子」、「異人殺し」伝説には「大歳の客」など、神秘的な富の獲得や喪失を描いた昔話があげられる。

レヴィ・ストロースがいうように、「神話の目的が矛盾を解くための論理的モデルの提供にある」ならば（Lévi-Strauss 1958=1972: 254）、貨幣経済の浸透にともなう民俗社会の変容について、家の盛衰伝説が、特定の家の盛衰という個別的出来事に限定した因果論的説明であるのに対して、それに対応する神秘的な富をめぐる昔話は、むしろ個別的出来事の背後にある貨幣経済の浸透という出来事それ自体を表象しているのではないだろうか。神秘的な富をめぐる昔話は、民俗社会の存立基盤を脅かすような貨幣経済の浸透という事態を理解する「論理的モデル」を提供していると考えられるのである。

2　昔話「笠地蔵」の基本構造

昔話「笠地蔵」は、民俗社会に広く見られる地蔵信仰に基づく奇跡譚として位置づけられる。民間信仰において、地蔵は重要な位置を占めており、「笠地蔵」に限らず、昔話や伝説の主要な題材のひとつである(7)。

まず、昔話「笠地蔵」を、通常〝構造分析〟と呼ばれる方法によって、その意味を理解しながら分析してみよう(8)。

事例1

むかし、貧しい爺と婆がいた。年越しの用意をするため、爺は婆が貯めておいた糸脐《いとへそ》を町へ売りにいった。しかし、年越しの時期に糸脐を相手にしてくれる人はいなかった。帰る途中で、売れずに困っていた笠売りと出会った。そこで、爺は笠五つと糸脐を取り換えて帰った。しばらくすると、野中の六地蔵が雪をかぶり濡れて立っていた。爺は五つの笠を地蔵にかぶせ、残りの一体の地蔵には、自分の古手拭をかぶせて家に帰った。爺は事情を婆にこと細かく話した。婆はそれを聞きよろこんだ。夜中に、掛け声が聞こえ、前の口（玄関）に、何か重たいものを置いたような音がした。爺さまが起きて前の口の戸を開けてみると、年越し祝いの米や肴、金子《きんす》などが入った叺《かます》が置いてあった。――岩手県花巻市（関 1978b: 58–59 より要約）

笠地蔵はきわめてポピュラーな昔話であるが、細部において多くのヴァリエイションがあり、これが典型というわけではないが、ここでの議論では、おおよそこのような話であると考えて差し支えない(9)。

次の図式は、この事例を単純化し、昔話「笠地蔵」の形態論的骨格を抽出したものである。


（Ⅰ）欠損の発生　年越しの用意が必要となる。

（Ⅱ）交換の提案　爺が糸臍を町に売りに行く。

（Ⅲ）交換の不成立　誰も相手にしてくれず売れ残る。

（Ⅳ）交換の不成功　売れ残りの笠五つと糸臍を交換。

（Ⅴ）欠損の拡大　六地蔵に笠を五つ、残りの一体には古手拭いをかぶせて帰る。

（Ⅵ）欠損の充足　夜中に爺の家の玄関に六地蔵がやって来て、米、肴、金子などの入った叺を置いていく。


まず、（Ⅰ）は、年越しの用意が必要となるのは、このままでは年が越せないということであり、《欠損の発生》と整理できよう。物語は欠損を改善するプロセスとして構成されている。（Ⅱ）は、欠損を補うために、爺が糸臍を売るという《交換の提案》を行っている。（Ⅲ）では、爺の糸臍が売れ残りとなり、《交換の不成立》と整理できる。（Ⅳ）では、笠売りの笠も売れ残りとなり、爺は糸臍と笠を交換している。この交換は互いに目的とした商品を入手できていないので、《交換の不成功》としておく。

（Ⅴ）では、六地蔵に笠を与え、残りの一体には古手拭いをかぶせており、最初の欠損を補うことができず、さらに笠を失っているので、《欠損の拡大》とする。最後に（Ⅵ）では、地蔵が笠の返礼に、米、肴、金子などを、家の玄関に置いていくので、《欠損の充足》とすることができよう。

3　民俗学的貨幣論の方法

貨幣商品説と貨幣法制説

昔話「笠地蔵」を分析するための予備的作業として、物語の継起的順序に従って簡単に図式化した。次に、構造分析を民俗学的貨幣論につなぐための、方法論的前提を検討しておこう。

経済学者の岩井克人が簡潔に整理して述べているように、経済学史における貨幣をめぐる議論は二つに大別できる。すなわち「貨幣商品説」と「貨幣法制説」である。

貨幣商品説とは、「貨幣とはそれ自体が価値をもつ商品をその起源とし、ひとびとのあいだの交換活動のなかから自然発生的に一般的な等価物あるいは一般的な交換手段へと転化したという主張」であり、一方、貨幣法制説とは、「貨幣とはそれ自体が商品としての価値をもつ必要はなく、共同体の申し合わせや皇帝や君主の勅令や市民の社会契約や国家の立法にその起源をもとめることができるという主張」であるとされる。マルクスやC・メンガーは貨幣商品説に立つとされ、貨幣法制説はクナップがその代表とされる（岩井 1993: 81）(10)。

ここでの議論は、貨幣がいかにして成立したのか、その「根拠」を論理的に与えようとしていることがわかる。

岩井は、マルクスの『資本論』の独自な読みから、貨幣商品説や貨幣法制説という、従来の貨幣論に対して、「第三の貨幣論」ともいうべき興味深い結論を導き出している。

私なりに要約すると、①労働価値説から出発するマルクスは、社会的生産に投入された人間労働こそが超歴史的な価値の「実体」であり、歴史とともに変化するのはその「形態」でしかないとする。②しかし、資本主義社会では、社会的生産が産み出す価値は、商品の交換価値という形態を取らざるをえない。③すると、超歴史的な価値の「実体」が、いかにして商品の交換価値という「形態」として表現されるのかが問題となる。この問いに対する解答が価値形態論である。④価値形態論は、商品交換は必ず「貨幣」という媒介を必要とする形態をとることを示した。結局、あるモノが価値をもつのは、貨幣によって買われるからである。

しかし、さらに岩井は⑤「では、その貨幣はどうして価値をもつのか」という問いを発する。⑥すると、逆に「貨幣」が価値をもつのは、「商品」によって買われるからであり、「無限の循環論法」が始まるとする。⑦「貨幣」の価値と「商品」の価値は相互に支え合う「宙吊り的構造」になっており、出発点であった労働価値説とは無関係に、貨幣はこの自己循環的な構造によって、自らの存在の根拠を自ら創り出す存在である、ということになろう(11)。

貨幣は自らの「根拠」を自ら創り出す存在、「無限の循環論法」を生き抜く存在ということになり、結局、「貨幣とは貨幣として使われるものである」ということになる。「貨幣の無根拠性」を主張するはずの「無限の循環論法」それ自体を、逆説的ではあるが、ひとつの「根拠」としているのが、岩井の

「貨幣論」と考えられるのである。

以上のような主張をもとに、岩井は次のようにまとめている。

貨幣商品説も貨幣法制説も、結局、貨幣という存在の中核にある空虚に耐えることができずに、それをなんらかの実体で埋めつくそうとするこころみにすぎない。「神話の目的」とは、本来解決不可能な「矛盾を克服してしまうための論理的なモデルを提供することである」と、どこかでレヴィ＝ストロースは書いている。貨幣商品説も貨幣法制説も、まさにこの意味での「神話」にほかならなかったのである（岩井 1993: 99）。

経済学史を飾る数々の貨幣論が、岩井のいう意味での「神話」にほかならなかったならば、むしろ「神話」の存在こそが貨幣に「根拠」を与えているのかもしれない。実際、岩井の「無限の循環論法」こそ、「終わりなき物語」という「神話」かもしれないのだ。

貨幣商品説の論理的モデル

ここにおいて、民俗学的貨幣論の方法が明確となる。神話＝フォークロアの分析を通じて、まず貨幣がどのような物語（＝論理的モデル）にその存在の根拠をおいているのかを明らかにすることが第一の課題である。そして、貨幣をめぐる物語が、どのような社会的・経済的条件を内面化しているのかを読み解くことが、最終的な課題となる。

ここでは、形態論的骨格の素描から、昔話「笠地蔵」が、糸臍と笠という商品交換の物語であることを示した。したがって、昔話「笠地蔵」の構造分析には、貨幣商品説の論理的モデルが参考になると考えられる。もちろん、貨幣商品説も貨幣法制説も、貨幣がすでに成立してしまった社会における理論的言説であり、「貨幣として使われるものとしての貨幣」の存在を自明のものとしたうえで組み立てられた論理的構築物であり、そもそも民俗社会における貨幣をその射程に入れていない。

したがって、ここでは、マルクスの「価値形態論」の論理的モデルを、民俗社会における「貨幣」論の抽出に応用してみようというのである。

4　昔話「笠地蔵」のなかの「価値形態論」

まず（I）では、物語の発端にある「年越しの準備」を《欠損の発生》とした。続いて（II）では、欠損を補うために、爺が町に糸臍を売りに行く。（III）では売れ残り、交換が成立しなかったが、（IV）ではこれも売れ残りである笠売りの笠と交換が成立する。したがって、この時点で次のような関係が成り立つ。

糸臍＝笠　…………⑴式

これをマルクスの言葉に従って、「単純な、個別的な、または偶然的な価値形態」と呼ぼう（Marx

1867=1969: 90)。すなわち糸臍は笠に値する。言い換えれば、糸臍の価値は笠との関係によって表現される(12)。

さて、「単純な価値形態」において、糸臍＝笠の関係が見て取れるが、爺が最初に持って行った商品には、そのほかに多くのヴァリエイションがある。

事例2

爺が年取りの用意に縄売りに行くと、峠の六地蔵が雪の中に寒そうに立っている。遍路笠を買ってかぶせて手ぶらで帰ると婆が不平を言うが、なだめて何も食わないで寝る。地蔵様が何か持ってきた夢を見る。そのとき音がしたので爺が行って雪明かりで見ると金がある。——香川県仲多度郡左柳島(関 1978b: 61)

この事例では、縄を商品としている。事例1と異なり、婆は不平を言うが、結果的には富を獲得している。

事例3

六檜に貧しい爺と婆がいた。年越しの日、爺が婆の作った手まりを売って年を越そうと町へ出るが一つも売れない。帰りに笠売りと出会い、手まりを笠五つと替えてもらい、雪をかぶった五体の地蔵にかぶせる。六つ目の地蔵には自分の古手拭いをかぶせて帰り、婆と漬け菜を噛んで寝る。夜中に

「爺つぁん、婆つぁん」という掛け声がし、軒下に重い物が投げられる。爺が出て見ると、米や魚や銭っこがつまったかますが置いてあり、古手拭いでほおかぶりした地蔵が森へ入っていった。――宮城県桃生郡矢本町南（稲田・小澤編 1982: 60）

この事例では爺が婆の作った手まりを商品として持って行った。笠が一枚足らず自分の手拭いを与えている。富は軒下に投げられている。

事例4

正月がくるので、婆が畳糸を爺に持たせ、町に正月の買い物に行かせる。途中川原に六地蔵が雪をかぶっていたので、爺は笠を買って地蔵にかぶせる。爺婆が湯を飲んで寝ると、夜中ににぎやかな声が近づいてきて、爺の名を呼び、「庭に俵を積んだとさ」と言う。翌朝爺婆が起きてみると、地蔵が庭に米俵を積んでくれている。爺婆は一生楽に暮らした。――長野県上水内郡小川村久木（稲田・小澤編 1981: 63）

この事例は畳糸が最初の商品として登場している。富として米俵が庭に積んである。

事例5

大晦日に苧伽玉《おかだま》を売りに行くが売れないので笠売りの笠と交換する。裸地蔵が雪にぬれているのでかぶせて帰る。妻にそのことを語るとかえってよいことをしたと慰める。夜中に物を運んできて昼間のことは過分じゃったという声がする。起きてみると石地蔵が歩いていき、大袋の中には大判小判が入っている。――岩手県江刺市（関 1978b: 74）

この事例では苧伽玉を売りに行くが、売れないので笠と交換している。爺が持って行く最初の商品はここでは、糸臍、縄、手まり、畳糸、苧伽玉があげられているが、これらのほかにもまだまだヴァリエイションがあり、布、炭、柴、などの事例も見られる。

これらの商品はすべて笠と交換されるので、次のような表現が可能となる。

糸臍＝
縄＝
手まり＝　｝笠　…………(2)式
畳糸＝
苧伽玉＝

これらのすべての商品は笠と交換されることから、この関係式は、マルクスにならえば「一般的な価値形態」にみえる（Marx 1867=1969: 25）。しかし、「一般的な価値形態」とは逆の関係にあり、その論理的前提である「総体的または拡大せる価値形態」は、ここでは成立しない（Marx 1867=1969: 29）。次の事例を見てみよう。

事例6

爺は年越しのために町に笠を売りに行くが、売れない。帰る途中、爺は六人の石地蔵に笠五つと爺の褌《ふんどし》をかぶせる。爺婆は火を焚いて年越しをする。夜中に笠をかぶった地蔵が褌を橇《そり》にして餅や魚を引いてきて爺の家の前に積んで帰る。爺婆はそれでよい正月をする。——山形県最上郡（関 1978b: 72）

この事例では最初の商品は笠で、それが売れ残る。（II）で最初の商品がすでに笠であるため、（III）と（IV）の場面がカットされたかたちとなる。これに限らず、笠を爺が売りに行く事例は「笠地蔵」譚ではポピュラーである。さて、ここから次のように表現できるであろう。

糸臍＝
縄＝
手まり＝　} 笠 → 笠＝0 ……(3)式
畳糸＝
苧伽玉＝

(2)式では、さまざまな商品が笠によってその価値を表現されえたかのようにみえたが、(3)式では笠は必ず売れ残り、町のいかなる他者も笠に価値を見出さなかった、つまり笠は価値がないと宣告されたに等しい。その結果、爺は持って来た笠をそのまま町から持って出る。言い換えるならば、笠は商品世界から排除されたのだ。

しかし、事例1をよく検討すれば、(III)の場面で、じつは、最初の商品も売れ残りである。そのため(IV)は、形式的には物々交換が行われるが、物々交換の前提とされる、いわゆる「欲望の二重の一致」とは異なる事態が起きている。つまり、互いにその商品を欲しておらず、また町において、いかなる他者もその商品を欲しないがゆえに、二つの商品はともに無価値である点において、等価関係におかれる。その結果、まったく無意味な交換が行われるのだ。

たしかに、さまざまな理由から、商品世界には価値の階層分化が起きる。しかし、そのピラミッドの頂点に座を占める商品もあれば、その最下層を占め、あげくの果てにピラミッドの外部に排除される商品もある。

では、商品世界から排除された笠は、どうなったのであろうか。(V)の場面では、爺が六地蔵に笠を五つ与え、足りない一体には古手拭いを与えている。この「一体分足りない」というモチーフは広範に分布しており、爺が自分の着ている蓑笠をかぶせたり、事例6のように褌もあり、年越しという時期も考慮すれば、非常に興味深い。おそらく「笠地蔵」譚を構成する重要な要素であると考えられるが、この点に関しては改めて検討したい(13)。

さて、その結果、(VI)では、地蔵がその返礼として、米、肴、金子を与えている。笠を軸に事例1から6をまとめてみると、(4)式のように表現できる。

笠 ＝ 米、肴、金子
　 ＝ 金
　 ＝ 米、魚、銭
　 ＝ 米俵　　　　……………(4)式
　 ＝ 大判小判
　 ＝ 餅、魚

マルクスにならって、この関係式を「相対的なまたは拡大せる価値形態」と呼べるであろう。ここから、民俗社会ではどのようなものが富と見なされたかがよくわかる。米であったり金であったり、われわれにも富と見なされるようなものである。従来、経済史家や人類学者は、さまざまな社会において価値あると見なされている無数のモノを「貨幣」として把握してきた[14]。しかし、ここでは、貨幣概念の検討には立ち入らずに、まずは米や金などが民俗社会において最も高価な商品と考えられていたということを確認しておけば十分である。

つまり、商品世界はその価値によってランキングがあり、その最上位を占める商品が、ここに上げられた米や金になる。そして、その商品とランキングの最下位を占める商品である笠が等価関係におかれることは、商品世界ではありえないことである。少なくとも市において、誰も欲する者がない商品である笠を受け取って、米や金といった最も価値ある商品を手放すような人間はいない。それは人間以上の存在、超越的な第三者である。

民俗社会の貨幣論

岩井克人は、こうした超越的な第三者として「無限の未来の人間」を設定し、次のように述べる。

無限の未来の人間とは、けっして到達しえない無限のかなたの住人であることによって、無価値なモノをうけとり価値あるものをあたえるという一方的な不等価交換の究極のひきうけ人という役割を形式的に演じることができるのである（岩井 1993: 186–187）。

「笠地蔵」譚において、「無価値なモノをうけとり価値あるものをあたえるという一方的な不等価交換の究極のひきうけ人」という役割を形式的に演じているのが「地蔵」であることは、もはや言うまでもない。民俗社会は、決して起こりえない「奇跡」を、神話＝フォークロアという物語の次元で、地蔵を登場させることで可能にしているのである。

以上の検討から、笠は、最初の商品である糸贖と、最高の富である米や金を媒介する役割を果たしていることがわかる。笠は媒介物であり、それ自体取るに足らないモノであるということは、一般に承認されるような貨幣の定義に合致する(15)。「笠地蔵」譚は、まさに貨幣の起源神話、〝民俗社会の貨幣論〟であったといえるだろう。

5　民俗社会の変容とフォークロア

交換、贈与、返礼

以上、簡単に整理すると、民俗社会の解釈枠組みを通して見た貨幣は、商品交換の過程で、自然発生的に成立するのではなく、一度、商品世界から排除されたうえで、それを超越的な第三者が受け取り、その代価として最高の富を払うという、論理的解決によって成立していることが明らかとなった。つまり、神話＝フォークロアが語っているのは、貨幣の成立という奇跡を起こすには、最終的に地蔵という「他者」を導入しなければならなかったということなのである。

それでは、「笠地蔵」譚は、どのような社会的・経済的条件を内面化しているのだろうか。

まず、確認しなければならないのは、爺が地蔵に笠を与え、地蔵が爺に富を与えたこの物語が、贈与と返礼の物語として語られていることである。つまり、売れ残りの、取るに足らないモノを与えた爺の行為を、贈与として語っている。この昔話には、贈与交換システムという社会的・経済的条件が内面化されているのである。

ここで疑問が生じる。貨幣経済の浸透によって、その社会的・経済的条件の変化を蒙っていると考えられる民俗社会が、いまだ贈与交換の論理で、貨幣経済の論理を解釈＝翻訳しているとすれば、民俗社会は貨幣経済に取り込まれつつも、まだその認識的立場、社会的・経済的条件を十分に内面化するには至っていないのではないか。貨幣経済の論理と贈与交換の論理をつなぐような社会的・経済的条件にあるのではないかと考えられるのである。

そのため、地蔵の返礼自体は「奇跡」を語るにもかかわらず、贈与交換の論理のうえで矛盾は存在しないことになり、最高の富の獲得という物語の結末を迎えていると考えられる。その結果、この昔話は貨幣成立の物語としては明示されず、たんに贈与と返礼の物語として語られてしまうことになるのだ。

以下、この点に関して、私なりの見通しを立てたうえで、一応の区切りを与えたい。

贈与と返礼の場面である（Ⅴ）と（Ⅵ）をよく見ると、爺は地蔵に笠を与えるのであるが、その場で笠の代価の富を受け取らずに、爺は家で地蔵が運んできた富を受け取ることがわかる。つまり、通常一致しているはずの交換の場が分離している。では、どのような場所で、爺は笠を贈与し、地蔵は返礼しているのであろうか。

事例7

笠売りが大晦日に六枚の笠を町に売りに行く。笠は売れないので村境に行き、白くなった六地蔵にかぶせる。女房も喜ぶ。夜中に地蔵が袋を運んでくる。開くと大判小判と笠のお札を書いた紙が入っている。夫婦は金持ちになり笠売り長者と呼ばれるようになる。――福井県某地（関 1978b: 65）

この事例では爺が笠を地蔵に贈与した場所は「村境」となっている。これまで取り上げた事例から列挙すると、野中、峠、川原などと表現されており、場所が明示されていない事例のほとんどは「帰る途中」となっている。柳田國男の「地蔵木」に詳しいように、地蔵が国境や村境に祀られることは決して珍しいことではないようである（柳田［1911］1963）。

爺は村境といった村落共同体の境界で、笠を地蔵に与える。では、地蔵の返礼はどのような場所で行われるのであろうか。次の事例を見てみよう。

事例8
爺と婆。爺は内職に笠を作る。年越しの用意に爺は笠売りに町に出るが一つも売れない。帰りに途中の六地蔵に自分のかぶっていた笠も含め一つ一つかぶせ、爺は雪の中を何もかぶらずに帰ってくる。婆には事情を話して寝る。夜中になって、地蔵が植物、餅やらを家の中にほうり込んでいく。それで年越しができた。――京都府綾部市（関 1978b: 63）

この事例では、地蔵は返礼としての植物や餅を家の中に放り込んでいる。つまり、地蔵は家の中には入っていないのである。これまで取り上げた事例から列挙すると、前の口（玄関）、軒下、庭、家の前などに富を置いて立ち去っており、やはり家の中には踏み込んでいないようである。

以上から、爺の笠の贈与は、村落共同体とその外部との境界で行われ、地蔵の返礼は家とその境界で行われたと整理できる。すなわち爺が富を獲得するには、交換の場を分離し、二つの境界で贈与と返礼を別に行わなければならない。そして、より重要なことは、地蔵が富を家の中に持ち込まず、外部との境界に置いて立ち去っている点である。地蔵は、爺の家の前まで来ていながら家には入らず、そのままUターンして帰っているのである。

結論

以上の検討から、次のような見通しを立てることができる。すなわち、「笠地蔵」譚が提供する「論理的モデル」とは、贈与交換によって成立する一つの経済単位としての村落共同体が、貨幣経済の浸透によって、地理的な境界であると同時に、贈与交換の範囲でもあった村境を分離して、貨幣経済にともなう「貨幣を媒介とするコミュニケーション」を村落の内部に引き入れてしまったことを意味する。その象徴的表現が、境界神である地蔵の来訪と考えられるのだ。

しかし、貨幣を媒介とするコミュニケーションは家の内部までは入り込めなかった。言い換えるならば、贈与交換の論理は、村落共同体から家の内部へと押し込められ、貨幣経済の論理は家のすぐ外まで押し寄せることになったのではないだろうか。地蔵が家の中に入ることなくUターンして帰っていったのは、そのためだと考えられる。

したがって、「笠地蔵」譚が内面化しているのは、経済的な単位が、「村落共同体」から「家」へ移行する段階の社会的・経済的条件と想定される。言い換えるならば、「笠地蔵」譚は、一つの経済単位としての「家」の成立を告げていると解釈することもできるのではないだろうか。

昔話「笠地蔵」の構造分析を通じて、民俗社会における貨幣論を抽出したうえで、それがどのような社会的・経済的条件を内面化しつつ語り出された神話＝フォークロアであるのかについて、不充分ながら検討してきた。ここで一歩踏み込んで言うならば、特定の社会的・経済的条件に実定性を与える言説群の一般化を背景として、それらの言説群に支えられることで、特定の神話＝フォークロアが語り出されているのではないだろうか。たとえば、「笠地蔵」の場合であれば、「神」と「交換」を語る言説と「家」を語る言説が接合された新たな言説の生成によって可能になっているのではないかと考えられるのである。そして、さらに言えば、「笠地蔵」のような神話＝フォークロアが一般化しているということが、同時に、そうした特定の社会的・経済的条件が言説上に実定性を獲得していることを意味しているのではないだろうか(16)。

もちろん、ここで検討した「笠地蔵」譚に限らず、まだまだ多くの神話＝フォークロアが存在し、それによって貨幣はその根拠を与えられると考えられる。歴史が示しているように、貨幣が時と場所によってさまざまな形態と機能をもつ以上、貨幣の根拠を明らかにするには、当の貨幣が使用されている個々の社会の神話＝フォークロアを分析する必要がある。個々の社会の神話＝フォークロアを離れて、貨幣の根拠について一般論が可能であるならば、それこそ、より大きな「神話」に現代社会が包まれているからではないだろうか。

また、ここでの議論と密接な関係にありながら、取り上げることのできなかった課題も多い。たとえば、笠をかぶった形象については、折口信夫の「まれびと」をはじめ、民俗学では主要な関心を集めてきた主題であり、今後の大きな課題といえよう(17)。なぜなら、笠が貨幣の民俗的表象であるとすると、笠をかぶった、いわゆる異人の姿は、貨幣所有者の民俗的表象であると考えられるからである。少なくとも、ここで取り上げた神と人の贈与交換を描いた神話＝フォークロアの脈絡においてそのように理解できるからである(18)。神的な訪問者の性格について、貨幣を手掛かりに、今一度、再検討する必要があると考えられるのである。

次章では、この点に関して、さらに詳しい検討を加えることにする。

注

（1）柳田國男監修『民俗学辞典』東京堂（1951）、および大塚民俗学会編『日本民俗辞典』弘文堂（1972）ともに、「貨幣」の項は見当たらない。そのほかの民俗学関係の辞典や講座も同様であろう。

（2）石塚（[1959]1999）や小松（[1982]1994）を参照のこと。なお、憑きもの研究を概観するには、小松編（1992）および同（2000）が有益である。

（3）たとえば吉田（1972）、吉田・上田（[1969]1992）。

（4）「家の盛衰」伝説は、戦後の多くの民俗学者に注目されて研究が蓄積されてきたが、その契機となったのが、最上孝敬が一九五〇年に発表した論文「家の盛衰」である。最上は、主として富の起源に着目して、①神秘説、②現実的掠奪説、③②の現実的掠奪の過程を①の神秘説によって解き明かした折衷説、④家の福運を支配する神信仰と財宝自体の霊力観、宿命観が結合した説、以上の四つのタイプに分類している（最上 1950）。また、最上論文の影響のもと、一九五二年に書かれた千葉徳爾の論文「座敷童子」では、座敷童子伝説の分布圏の検討から、これを岩手県北上山村地帯の経済的地理的条件に結びつけるとともに、これを柳田説に従って古い水神信仰の名残りと見ている（千葉 1952）。宮本袈裟雄（1990）は、現在の研究動向および研究史を概観するに有益である。

（5）小松（[1985]1995）および同（[1989]1997）を参照のこと。

（6）この論文は、「異人殺し」伝説を中心に取り上げて検討していること、そして「家の盛衰」伝説には

「特定の家について村人が語る態度」と「家自体に伝承されている場合」の二つの傾向があることを指摘する。中沢新一「斬り殺された異人」（[1976]1985）に先駆けた研究であり、興味深い。中沢（[1976]1985）は甑島《こしきじま》に伝わる「異人殺し」伝説を取り上げて、伝承者や語り手の相違によって、同一と考えられる伝説が異なった姿に変形されて語られる点に着目した。

（7）民間信仰史における地蔵の位置については、たとえば和歌森（[1951]1983）など。地蔵信仰の研究史を概観するには、桜井編（1983）が有益である。本稿は地蔵信仰の解明を直接的な目的としていないため、多くの優れた地蔵に関する研究に言及していない点をお断りしておく。

（8）構造分析をもって始めるのは、たんに議論を明確にするためであり、そこから抽出された「論理的モデル」が歴史的、社会的に超越して存在することを示すためではない。こうした考えは、モーリス・ブロック（Bloch 1986=1994）を参照した。彼は儀礼の分析にあたり、構造分析を、議論を明確にするための第一段階として便利な方法と位置づけている。

（9）この事例をはじめ、これから検討する「笠地蔵」の事例は、すべて「来訪型」と呼ばれているものに相当する。

（10）吉沢（1981: 9）の商品貨幣説と名目貨幣説（貨幣法制説）の整理も参照になる。

（11）岩井（1993）および岩井（1994: 64–168）を参考にした。

（12）「価値形態論」において厳密には、次のような関係式が設定されている。「x量商品A＝y量商品Bあるいは、x量の商品Aはy量商品Bに値する」。ここで検討している事例をはじめ、これから取り上げる事例においても、商品の量が明示されてはいない。したがって量の部分を削除した関係式であることをお断りしておく。

（13）「一体分足りない」ために、自分の着ているものを脱ぐモチーフは、小正月の訪問者（ナマハゲやアマメハギ）や成年式と関係があるとして知られている「脱皮モチーフ」と関係がありそうである。この点については、たとえば大林（1979）や吉田（1990）などを参照。また吉成（1995）が研究史を整理して詳細に検討しており、有益である。

（14）金、銀、銅といった貴金属のほかに、米や家畜、子安貝、石貨などは有名である。

（15）現在発行されている貨幣が媒介物であり、その限りにおいて有用であることは一般的な見解であろう。ここで取り上げた貨幣に限らず、人間社会のあらゆる領域に媒介形式が不可避であるとして、それを「貨幣形式」と捉える今村（1994）が重要である。民俗社会の貨幣論が「地蔵」によって構成されることは、商品の媒介としての貨幣に限らず、人間社会全般における貨幣形式へと視点を広げる必要性を物語っているといえる。

（16）昔話の分析から、経済単位としての「家」の成立を読み解いたが、これは日本近世史、社会経済史、村落社会学などの成果から傍証が必要であろう。なお、小松（[1989]1997）では、幕藩体制下において村落共同体から相対的な家の自立の動きがあることを、歴史学の成果から簡潔に紹介している。

（17）折口（1954）をはじめとして、坪井（1989）や小松（[1985]1995: 177–219）など笠をかぶった形象は、従来、民俗学の重要な問題であった。

（18）贈与に関してはマルセル・モースの古典的著作（Mauss 1968=1973）および伊藤（1995）を参照のこと。

第3章　神から貨幣へ――異人殺し伝説の生成

1　貨幣と「他者」

貨幣の無根拠性

貨幣は経済現象である以上に文化現象である。アメリカの経済学者ミルトン・フリードマンは、「貨幣は謎だ、と多くの人が感じる理由の一つは、神話、虚構、それに慣習が果している役割にある」と述べて、次のようなたとえ話をしている。

わたしたちの日常生活と結びつくような事例で考察したいなら、同じ大きさの二枚の長方形の紙を考えてみればいい。一枚は裏側が緑色をしており、表にエイブラハム・リンカーンの肖像が印刷してある。四隅には数字の五、他にも印刷された文字がある。この紙はある量の食料や衣類、あるいはその他の商品と交換することができる。人々はこの取引に喜んで応じてくれよう。

もう一枚の紙は、おそらく見栄えのいい雑誌から切り取ったもので、表に誰かの肖像や幾つかの数字などが印刷してある。だが、たとえこの紙の裏も緑色をしていたとしても、暖炉の火付けに用いられるのが関の山だ。

では、この二枚の紙のどこに違いがあるのか。五ドル紙幣を眺めていても答えは得られない。表に「連邦準備銀行券、アメリカ合衆国、五ドル」と印刷されてあるだけである。そして小さい文字で「この銀行券は法貨であり、公私を問わずあらゆる負債の弁済にあてることができる」とも印刷されている。以前は、アメリカ合衆国と五ドルの間に「支払いを約束する」という言葉が挟まれていた。それは政府が具体的に何かをしてくれることを意味していたのだろうか。答えはノーである。（中略）「法貨」の特質とは、負債の弁済や納税に用いることを政府が承認している紙切れであり、ドルで計上された負債の弁済に用いることを裁判所が承認している紙切れのことである。では、商品やサービスの交換という個人的な取引の際に、なぜ個人はこの紙切れを受け取るのだろうか。

簡潔にして正しい答え。それは、人々がそれを信用しているから個人も受け入れる、である。つまり、すべての人がこの緑がかった紙は価値があると信じているから価値があり、この紙は価値があることを経験的に知っているから、誰もが価値があると信じているのだ（Friedman 1992=1993: 26–27）。

ここで主張されているのは、「貨幣の無根拠性」である。貨幣は何か別の「実体」によって保証されるのではなく、「人々がそれを信用しているから個人も受け入れる」という、まさに「神話」や「虚構」、それに「慣習」の果たす役割によるのである。経済学者の岩井克人の言葉を借りて表現すれば次のようになるだろう。

貨幣が今ここで貨幣であるとしたならば、それは結局、つぎのような因果の連鎖の結果にほかならないのである。貨幣が今まで貨幣として使われてきたという事実によって、貨幣が今から無限の未来まで貨幣として使われていくことが期待され、貨幣が今から無限の未来まで貨幣として使われていくというこの期待によって、貨幣がじっさいに今ここで貨幣として使われる（岩井 1993: 190）。

こうした貨幣の自己循環的なしくみが成り立つ事態は、まさに「神話」というほかない。貨幣を貨幣と見なす「神話」ともいうべき物語がその圏内に人々を包み込むとき、それは「虚構」ではなく「現実」となるのである。

したがって、貨幣の存在に根拠があるならば、それは貨幣を自明とする社会を支える「神話」ともいうべき物語の存在が根拠となっているのである。

「贈与交換システム」と「貨幣経済システム」

貨幣が関与する交換の体系は、大きく二つに分けられる。「贈与交換システム」と「貨幣経済システム」である。貨幣経済システムにおいて、貨幣は交換の媒体として顕在的である。一方、贈与交換システムにおいて、貨幣は潜在的である。この二つの交換の体系は、たとえば、「贈与交換は市場交換としばしば対比されるが、それは互いが参照系としての機能を果たすことで、その交換システムの自明性を相対化するから」とされるように、相互に参照枠組みとなっている（上野 1996: 157）。したがって、まったく同一の現象を二つの参照枠組みから「翻訳」することが可能になる。

貨幣経済システムの論理を参照枠組みとして「翻訳」された「神話」は、いわゆる貨幣が貨幣経済システムとともに成立している以上、私たちにとっては自明である。日常頻繁に見られる、貨幣が貨幣として使われる事態をさしている。問題は、贈与交換システムの論理を参照枠組みとして「翻訳」された「神話」である。この場合の「神話」は、次のような物語として語られることになるはずである。少し長いが岩井の「翻訳」を見てみよう。

結局、一万円の貨幣と一万円の商品との交換という価値の次元における公明正大な等価交換の下には、無価値なモノと価値あるモノとの交換というまさに一方的な不等価交換がモノの次元で存在している。無と有の交換——だが、それにもかかわらず、一番目のほかの人間がこの一万円札を商品と交換にひきうけることになるのは、それをモノとして使うのではなく、それをそっくりそのまま二番目のほかの人間に手わたそうと思っているからなのである。（中略）その二番目の人間自身も、だれかほかの人間がその一枚の紙切れを一万円の価値をもつさらにべつの商品と交換にひきうけてくれることを期待しているからである。（中略）

ここで重要なのは、貨幣を貨幣として維持していくこの未来への先送りが、文字どおりの無限の未

来の人間への先送りでなければならないということである。（中略）
無限の未来の人間とは、決して到達しえない無限のかなたの住人であることによって、無価値なモノをうけとり価値あるモノをあたえるという一方的な不等価交換の究極的なひきうけ人という役割を形式的に演じることができるのである。無をうけとって有をあたえる——それは、もちろん「贈与」ということである。その意味で、たんなる一枚の紙切れが、貨幣として使われるということによって、紙切れとしての価値をはるかにこえてもつことになる一万円の価値とは、無限のかなたの未来に住む人間から今ここに住む人間へと送られてきた気前のよい贈り物にほかならない（岩井 1993: 185–187）。

貨幣経済システムを贈与交換システムの論理を参照枠組みとして「翻訳」すると、不可避的に「無価値なモノをうけとり価値あるモノをあたえるという一方的な不等価交換の究極的なひきうけ人」という超越的な「他者」を、物語の結末に構成することになるのである。
この超越的な「他者」の登場は、贈与交換システムの論理で物語を構成する際の論理的な帰結であって、その「神話」の圏内においては何の矛盾もありえない。しかし、貨幣経済システムの社会において、この「神話」が語られることは、一種のタブーとなる。というのは、物語として結末を導くために、「一方的な不等価交換の究極的なひきうけ人」を実際に登場させると、その人にとって、貨幣を受け取ることは何の意味もないため、当然、その人は受け取りを拒否する。すると、その前の人も受け取りを拒否し、以下、同様に貨幣を受け取る人はいなくなってしまう。つまり、貨幣は成り立たなくなってしまうのだ。

贈与交換システムの論理で構成された「神話」は、そのままでは貨幣経済システムの論理を構成する「神話」にはなりえない。言い換えれば、超越的な「他者」が確固たる位置を占めたまま存在していたのでは、いわゆる「貨幣」は交換の媒体として、具体的な姿として現れることはできないのである。

したがって、贈与交換システムが貨幣経済システムへと変容する過程で、超越的な「他者」は「神話」のなかで占める位置を変えていくはずである。その変容過程を見定める必要がある。

2　贈与交換の「神話」と「他者」

民俗学が対象としてきた村落共同体に一般化している神話＝フォークロアは、基本的には贈与交換システムを内面化している。したがって、貨幣は特権的な交換の媒体として神話のなかに現れていない。民俗学において、これまで貨幣がほとんど論じられることがなかったのもこのためである。しかし、実際に個々の村落共同体に貨幣経済が浸透していくのに応じて、それを可能にする神話＝フォークロアも変容していると考えられる。

ここでは、贈与交換システムを基盤とする村落共同体が貨幣経済システムへの変容の過程をどのように捉えていたのかを、昔話や伝説といった、民俗社会に支配的な神話＝フォークロアを取り上げて検討する。まず、分析の基準となる、神と人の贈与交換を描いた昔話を取り上げてみよう。

事例1

むかし、貧しい爺と婆がいた。年越しの用意をするため、爺は婆が貯めておいた糸臍《いとへそ》を町へ売りにいった。しかし、年越しの時期に糸臍を相手にしてくれる人はなかった。帰る途中で、売れずに困っていた笠売りと出会った。そこで、爺は笠五つと糸臍を取り換えて帰った。しばらくすると、野中の六地蔵が雪をかぶり濡れて立っていた。爺は五つの笠を地蔵にかぶせ、残りの一体の地蔵には、自分の古手拭をかぶせて家に帰った。爺は事情を婆にこと細かく話した。婆はそれを聞きよろこんだ。夜中に、掛け声が聞こえ、前の口（玄関）に、何か重たいものを置いたような音がした。爺さまが起きて前の口の戸を開けてみると、年越し祝いの米や肴、金子などが入った叺《かます》が置いてあった。——岩手県花巻市（関 1978b: 58–59 より要約）

これは前章で取り上げた「笠地蔵」に分類される昔話である。これをAタイプとしておく。以下、前章での検討を簡潔に確認しておこう。

物語の基本構造は、「贈与に対する返礼」、すなわち爺が地蔵へ笠を贈与したことに対して、地蔵が爺への富を運び返礼するという構成をとっている。つまりこの物語は、神と人の贈与交換を描いている。立ち入って検討すると、年越しの用意のため、爺は町へ臍を売りに行くが、売れない。つまり、町には誰も糸臍を欲する者がいなかったことがわかる。糸臍はまったく「価値のない」商品であると宣告されたのだ。次に笠売りと出会い、「価値のない」商品である売れ残りの笠と交換する。ここでは物々交換の条件とされる「欲望の二重の一致」とは異なる事態が生じている。町において誰も欲していない商品である糸臍と笠とが、互いに無価値であるという点で等価関係におかれている。そして、爺は野中の地蔵に、価値のない笠を与える。地蔵は、爺の家の前まで富を運び、そのままUターンして帰ってしまう。

価値のない笠を受け取り、価値のある米や金子を与えるという「不等価交換」が「贈与と返礼」の物語として構成されている。価値のない笠を受け取り、価値ある米や金子を与えた地蔵とは、超越的な「他者」、岩井のいう「無限の未来の人間」ということになる。

Aタイプの神話は、村落共同体が、その地理的な境界であると同時に贈与交換の範囲である村落の境界を分離して、貨幣経済システムを村落の内部に引き込んでいる事態を表現していると読み解くことができる。その象徴的な表現が、村の境界神である地蔵の移動である。しかし、地蔵は家の前まで富を運ぶとUターンして帰ってしまう。貨幣経済システムは家の外部でとどめられ、逆に贈与交換システムは家の内部に囲い込まれることになったのである。

言い換えるならば、これらは村落共同体を一つの経済単位とする社会から家を一つの経済単位とする社会への変化を表現しているのではないだろうか。Aタイプの神話は一つの経済単位としての「家」の成立を告げている、と考えられる。

3　贈与交換の「神話」の変容

Aタイプの神話において、貨幣はまだ交換の特権的な媒体として姿を現していない。しかし、笠が最初の商品である糸贖と最高の富である米や金との媒介物であり、それ自体が価値のないモノであることから、一般に承認されている意味での「貨幣」と見なすことは可能である。だが、これも限定が必要である。なぜなら、笠を貨幣と見なす視点を提供しているのは、超越的な「他者」である地蔵だけであるからだ。そうでないと今度は爺が笠を受け取って、富を手放し、笠を交換の媒体として用いなければならないことになる。

つまり、Aタイプの神話が支配的な言説を構成している社会では、村落共同体は、貨幣を貨幣として見なしうる超越的な「他者」の視点を、まだ内面化していないのである。

以下の事例では、超越的な「他者」がそのあり方を変容していくことになる。

事例2

笠作りの爺婆が年の暮れに笠を五、六枚仕上げ、爺が町に売りに行く。買い手がつかないまま帰っていると、雪が降ってきた。道端の地蔵がまっ白になって立っている。爺は地蔵の頭の雪を払い、笠をかぶせて帰り、寝ていると夜ふけて戸を叩いて、旅人が訪れる。一夜の宿を乞い、庭の隅にむしろを敷いて寝させる。翌朝、旅人は石の地蔵になって鼻の穴から米を落としており、四、五升もたまっていた。——福岡県八女郡（関 1978b: 60）

この事例では、地蔵は富をおいてUターンして帰るのではなく、旅人の姿で一夜の宿を乞い、庭の隅という「家の内部と外部の境界」に泊まる。翌朝、地蔵が鼻から米を落とすというかたちで、富を与えている。この事例は、まだ地蔵が不等価交換の最終的な引き受け人という役割を果たしている。まだAタイプの神話の範囲内にあるといえる。

事例3

爺と婆がおり、爺は毎日網笠を売りに行く。ある日、六体の地蔵が雨に濡れているので、笠をかぶせてやる。その話を婆としていると、和尚が六人訪ねてきて、宿を乞う。ふとんがないとことわるが、ふとんはなくてもよいと言うので泊める。翌朝起きてみると、和尚はおらず、お金が置いてあった。爺婆は金持ちになった。——島根県邇摩郡（稲田・小澤編 1978: 216）

時期は「年の暮れ」かどうか不明。地蔵は和尚に姿を変えて泊まりにきたと示唆される。ここでは地蔵が「家の内部」へ侵入を果たしている。物語は、爺が地蔵へ笠を贈与する構成をとっているが、地蔵が爺に返礼するモチーフも、地蔵が帰るモチーフも欠落している。翌朝和尚は消え、代わりに富が残される。笠の代価として地蔵は富を残して消えたのか、不明のままである。この事例のように、富の返礼のモチーフに矛盾が生じる物語を、Bタイプの神話としておく。

事例4

爺が婆の織った布を町に売りにいくと、道端に六地蔵が雪をかぶっているので蓑笠を買ってかぶせる。その晩六人の旅人が宿を乞い、婆が「地蔵にかせぎをやったので泊められない」とことわるが、

「入用のものを出すから」と言うので泊める。旅人は大釜に五合ほどの米を入れ婆に煮させると、釜いっぱいの飯ができる。翌朝旅人は礼にと二升ほどの米を置き、爺婆はそれで一生暮らすが米は余った。旅人の帰ったあとに六人分の蓑笠が置かれていた。――長野県小県郡（稲田・小澤編 1981: 64）

時期は「年の暮れ」かどうか不明。旅人が宿を乞い、米を与えて立ち去るが、最終に蓑笠が置かれていることから、旅人が地蔵であったことが示唆される。また、地蔵が「家の内部」に侵入を果たしている。物語は、爺の贈与に対する地蔵の返礼という構成をとっている。しかし、返礼である米のほかに、爺が与えた蓑笠が置かれており、米と蓑笠が交換されたわけではないことがわかる。形式的には贈与の物語を構成しているが、笠の代価として地蔵が米を与えたのではなく、地蔵の側からの一方的な贈与、「不等価交換」を示している。笠は物語を構成するうえで実質的に意味を喪失している。

事例5

爺が正月用意をしようと松を売りにいくが売れず、河原に捨てて帰る。途中に地蔵が雪の中にいるので、爺は自分の蓑と笠を着させる。次の日に爺が婆の織った白布を持って町に行く途中、地蔵が蓑と笠だけでは寒そうなので体じゅうに布を巻きつけて帰る。正月用意はできないが、爺と婆は正月を楽しみに寝るが、「じぞうかねだによいとこしょ、やすべえがとこへよいとこしょ」と歌がして、「あんまり寒いから開けとくれ」と声がする。婆が戸を開けると地蔵が寝ており、いろり端に運んで暖めてやると、地蔵の姿は次第に金になり、爺と婆は金持ちになり幸福に暮らした。――群馬県利根郡新

治村須川（稲田・小澤編 1986: 76）

時期は「年の暮れ」であり、地蔵は旅人ではなく、地蔵の姿のまま訪れている。物語は爺の贈与に対する地蔵の返礼という構成をとっている。しかし、地蔵が富に変容していく過程が描かれており、形式的には贈与の物語にみえるが、実質的には破綻していることがわかる。贈与に対する返礼として、別の何かを与えて初めて、贈与の物語は完結するが、ここでは贈与に対する返礼として自らの身体を富に変えて与えている。もはや交換の担い手としての超越的な「他者」は存在しなくなっている。

Bタイプの神話の事例として、事例3、4、5を検討した。Bタイプの神話は、不等価交換の物語をなんとか形式的に贈与交換の物語に構成しようとする論理が働いている。事例3では、富は地蔵が与えたモノなのか、それとも地蔵自身なのか、どちらとも取れるような「揺れ」が生じている。

この「揺れ」を、超越的な「他者」の存在に重点をおいて「注釈」を行うと、事例4のように超越的な「他者」としての地蔵が一泊した後に富を与えて去る、という構成をとる。この場合は、最初に与えた蓑笠がそのまま戻ってくるという矛盾を残す。

一方、笠の贈与に対する返礼としての富に重点をおいて「注釈」すると、事例5のように超越的な「他者」自身が富に変わるという離れ業を演じることで、贈与交換システムの「外部」に表象されていた超越的な「他者」が、実は「富」そのもの、すなわち「貨幣的な富」であったことを告げる構成をとることになる。この場合は、交換の相手としての超越的な「他者」が消失するという矛盾を残す。

Bタイプは、Aタイプと異なり、超越的な「他者」が贈与交換システムの論理に基づいて「家の内部」へ侵入を果たしている。ここに見られるのは、贈与交換システムの論理を保持したまま、新たに貨幣経済システムの論理も重ね合わせるように内面化しなくてはならない過程で生じた混乱の残照なのである。

Bタイプの神話は、それでもかろうじて形式的には贈与交換の物語を構成している。しかし、もはや無意味な贈与交換のモチーフは欠落していくであろう。

事例6

吹雪の夜、五人の六部が来て宿を乞う。貧乏で着せるものはないから隣の金持ちの家に行ってくれという。六部は泊めるのがいやかとたずねると、食物がないというとみな上がり込む。主人は火を焚いてあたらせ、筵をかけてやる。翌朝、飯を食わせようと隣に米を借りに行くと断られる。稗飯を食わせようと思って揺り起こすと筵の下から木箱が転がり出る。五人とも同じ箱になって大判小判が入っている。貧乏人は長者になる。――岩手県江刺市（関 1978b: 37）

この事例では、もはや最初の贈与は語られない。何の前触れもなく、ある日、旅人が訪れ、一夜の宿を乞う。しかし、結末はBタイプと同様、旅人が富に変わり、形式的にも贈与交換の物語は破綻している。最初の贈与が欠落し、旅人が自らの身体を富に変えて与える、まったくの不等価交換が描かれている。このモチーフを、Cタイプの神話としておく。

さて、Cタイプでは、もはや贈与交換は成立せず、まったくの不等価交換が露呈している。しかし、ここでもなお、「一夜の宿に対する返礼」という「語り」が可能である。しかしながら、一夜の宿に対して富を与えたのでなく、そもそもは最初の贈与である笠と、返礼としての富との贈与交換が行われていたはずである。「一夜の宿に対する返礼」とは、不等価交換を贈与交換の物語として隠蔽するために語り出された最後のレトリックなのである。

このレトリックは、具体的な贈与と返礼のモチーフを欠くだけに、かえって手ごわいレトリックである。贈与交換システムの論理の内部から、貨幣を貨幣として表象すること、それは不等価交換それ自体を不等価交換として表象することにほかならない。

次の事例では、「一夜の宿に対する返礼」というレトリックすら通用しなくなっている。

事例７

昔、四国の六部がこの部落に迷い込み、病を得て行き倒れになっていた。S家の祖先はその六部をわが家に引取、看病しているうちに大金を所持しているのに誘惑され、六部を人知れず殺害し、その持ち金を奪い取った。それがS家の暮らしを豊かにする元手となったのである（桂井 1976: 68）。

これは、桂井和雄が高知県のある村落で調査した「伝説」の一部分を抜粋したものである。S家という素封家の起こりとして、旅人を殺害して所持金を奪ったことが語られている。これがいわゆる「異人殺し」伝説と呼ばれるものである。

「異人殺し」のモチーフは、「一夜の宿の返礼」として旅人が富に変わるCタイプとまったく同型の構造をしている。「旅人は消え、富が残る」という同じモチーフを、まったく異なる立場から「注釈」している。Cタイプでは、不等価交換を「一夜の宿に対する返礼」というレトリックによって隠蔽しようとしているが、「異人殺し」伝説では殺人による富の強奪という不等価交換として表象している。

貨幣をそれ自体として表象するためには、超越的な「他者」の視点を媒介として、その視点を内面化する必要がある。その時初めて、貨幣を欲望の対象として見なしうる「主体」となることが可能となる。そのためには、「交換の担い手」としての超越的な「他者」と「交換されるモノ」である「貨幣」の間に差異（区別）を持ち込み、そして超越的な「他者」を「排除」する必要がある。

超越的な「他者」の「殺害」という「異人殺し」のモチーフは、贈与交換システムから貨幣経済システムへの移行を告げる物語、すなわち「貨幣の成立」を劇的に表象する「神話」なのである(1)。

4　貨幣の成立と異人殺し

機能主義的説明

「異人殺し」伝説は、すでに小松和彦の一連の研究によって、その構造と機能がほぼ明らかとなっており、さらに、内田隆三が、小松の論点を踏まえたうえで、社会学的な立場から検討を加えている。以下、内田の整理を参考にしながら、「異人殺し」伝説のメカニズムを概観してみよう(2)。

「異人殺し」伝説とは、定期的あるいは不定期的に村落共同体を通過していく六十六部、山伏、高野聖、巫女、遍路、巫頭などの旅人、宗教的旅行者、すなわち「異人」をめぐる多種多様なフォークロアの一つである。では、「異人殺し」伝説とはどのような構造をもつのだろうか。その理念型ともいうべきものを紹介する。

（A）ある日、旅人が村のなかのある家に一夜の宿をとる。その家の者は、旅人の所持する金品欲しさに、旅人を殺害する。奪った金品を元にして、その家は栄える。

（B）しかし、ある時その家の子孫に不幸な事件が起こる。シャーマンの託宣によって、その不幸の原因が殺された旅人の祟りとされる。祟りを鎮めるために、旅人の死霊が祀り上げられる。

「異人殺し」伝説の基本モチーフは、「異人を殺害して金品を奪い、その家は栄える」とする（A）の部分である。（A）は、シャーマンの託宣によって、（B）の現実に起きている不幸の原因の説明として語り出されたものである。したがって、託宣の内容である「異人殺し」は、不幸のあった家の者も村人も、この時点で初めて知らされる話なのである。「異人殺し」のモチーフは、（B）の不幸が起きている村落や家の固有名詞に結びつくことによって伝説として、つまり当該社会にとって「歴史的事実」として根づくことになる。このモチーフが、不幸の原因の説明として、ある時期に全国各地の村落で語り出され、広く受け入れられたようなのである。

「異人殺し」のモチーフは因果論的な図式に組み込まれることによって、「村に起こった不幸による混乱」を鎮める「機能」があるとされる。人々は、不幸の原因が殺された異人の祟りであることを突き止め、その死霊を祀り上げることで、村の秩序を回復する。ところが、シャーマンの託宣をはじめとする人々の一連の儀礼的な手続きには、もう一つの潜在的な機能がある。それは、貨幣経済の浸透によって村落共同体の内部に富の不均衡が生じ、それが引き起こした混乱を解消することにある。

何を表象しているのか

以上のような「異人殺し」伝説についての人類学的な説明に対して、内田は次のような懸念を述べる。

われわれの腑に落ちないのは、人類学的な説明も結局は村人の説明をなぞっていることにある。たしかに「不幸な事件」と「富の不均衡」というテーマはことなっている。だが、それらの差異はその目標において同一である。つまり社会システム（共同体）の統合という同じ目標のなかに、両者の差異や固有性は溶解してしまう。結局のところ、「異人殺し」伝説は、顕在的／潜在的な二重の位相で共同体の不安と混乱を解消するという「機能的な説明」に帰着するのである（内田 1996: 68）。

内田は、こうした機能主義的な説明に帰着した理由を、物語の基本モチーフである（A）ではなく、村人の因果論的な説明である（B）を軸に解釈を進めているからではないか、としている。そして、「村落共同体の統合」というあまりに抽象的な目的にすべてを回収する、こうした機能主義的な説明を離れて、そもそも「異人殺し」のモチーフ自体は、何を表象しているのかを考察する必要がある、とする。

そこに表象されているのは、次の二点に集約されるという。

（1）その家がたんに勤勉と節約によって富を蓄えたのではないこと

（2）富の起源には犯罪という「不法行為」（不等価交換）があったこと

「異人殺し」のモチーフは、富の急速な形成について、村落共同体が実践的な考察のうえに練り上げた表象であった、ということになる。内田は次のようにまとめている。

ある晩、一夜の宿と旅人がもつ大金が交換される。殺人はこの無法な「不等価交換」を成就させ、また隠蔽するために行なわれている。だが、共同体はやがてこの隠蔽をあばき、不等価交換を告発するに至る。それはたんに不等価交換を行なう者を罰するためではない。共同体が本当に恐れているのは、その犯行の暗い場所に通じている「貨幣への欲望」であり、貨幣という謎めいた力である。貨幣とは貨幣への欲望がひらく領域——市場というゲームの領域の恐ろしいメタファーなのである。それは共同体的人間の存在をある外部にひらいてしまうからである（内田 1996: 77–78）。

以上のように社会学的な「異人殺し」のモチーフ解読は、なるほど的確なものといえよう。「異人殺し」のモチーフは、「富の起源」に不等価交換を表象し、その富が共同体の外部にある普遍的な社会性の場に根拠をもつ「貨幣的な富」であることから、共同体の基盤を根本から揺るがすような事態を表象しているといえよう。しかし、こうした「解答」の問題点は、そこに至るまでに「勤勉」や「節約」あるいは「犯罪」といった、ある「常識的な説明」を経ている点にある。

5　貨幣の民俗学にむけて

神と人の贈与交換

「異人殺し」伝説は、口承による一つの言説である。それは託宣によって語り出され、共同体の支配的な言説を構成する。それが個別の出来事に言及する顕在的な意味にしろ、貨幣経済の浸透にともなう社会システムの変容という潜在的な意味にしろ、何かを意味するためには、村落共同体に一般化しているほかの多くの言説群、すなわち神話＝フォークロアに支えられねばならない。これらの神話＝フォークロアは、託宣による言説を効果的に機能させるための基本的な言説群である。これらは共同体の無意識と言い換え可能であり、託宣はこれらの言説群を背景としてその表現としての妥当性を獲得する。

「異人殺し」のモチーフを分析するためには、その背後に隠されている基本的な言説群を取り出して、それが妥当性を獲得しうるような、言説相互の関係性のうちに位置づけなければならない。もちろん、基本的な言説群のすべてを取り出して検討することは不可能である。わずかな断片をもとに、その全体像を仮に構成するほかない。その断片こそ、神と人の贈与交換の「神話」なのである。

神話の三角形

さて、以上の神話を整理すると、神と人との贈与交換の三つのタイプとして、「神話の三角形」が構成されることがわかる。

第一の項であるＡタイプは、贈与交換の基準となるモデルを提供する。贈与交換に不可欠な四つの要素、「贈与する者」、「返礼する者」、「贈与されるモノ」、「返礼されるモノ」がそろって登場している。「交換する者」と「交換されるモノ」との間の差異（区別）が明確に維持されている。Ａタイプは「正常な交換」としておく。

第二の項であるＢタイプは、贈与交換の四つの要素のなかで、「贈与する者」は不動であるが、残りの「贈与されるモノ」、「返礼する者」、「返礼されるモノ」の関係がはっきりしない。「返礼する者」と「返礼されるモノ」との間に明確な差異（区別）を持ち込むと、「贈与されるモノ」が浮いてしまい、「贈与されるモノ」に確固たる位置を与えると、今度は「返礼する者」と「返礼されるモノ」との差異（区別）が解消されてしまう。Ｂタイプは「異常な交換」としておく。

第三の項であるＣタイプは、Ｂタイプと同様に、「返礼する者」と「返礼されるモノ」との差異（区別）が解消され、「贈与する者」も「贈与されるモノ」も欠落している。ただし、「贈与されるモノ」を「一夜の宿」として語ることで、「一夜の宿」の「返礼」の物語として構成される。ここには、もはや具体的な贈与交換のモチーフは描かれない。Ｃタイプは「交換への無関心」としておく。

「異人殺し」のモチーフは、贈与交換のモチーフが欠落している点で、ＡとＢに対立し、「交換する者」と「交換されるモノ」の間に明確な差異（区別）が引かれる点でＢとＣに対立する。かくして、

「異人殺し」のモチーフは、「神話の三角形」が要請する第四項、神と人との贈与交換を意味論的に補完する「否定の否定」の操作によって得られる第四項であったことがわかる(3)。整理すれば「交換の発生」となろうか。

これまで検討してきた「神話」は、貨幣が関与する二つの交換の、その関係性に即して経験を物語化した、隠喩的表現といえるかもしれない。しかし、あくまで、「隠喩」として私たちが読み解くだけで、当の人々がそう語ることはなく、経験をそのような仕方で組織しているのである。

「異人殺し」のモチーフが、不幸の原因の説明として妥当性を獲得しうる理由は、他の言説群との間の意味論的なコンテキストにおいて、それ以上の説明への遡及を遮断する「起源の語り」、すなわち一種の「タブー」の物語を構成しているからである。

かくして、贈与交換システムの論理に基づく「神話」が支配的な社会において、「異人殺し」のモチーフが語られることによって、人々は新しい様相を呈した日常性のうちに首尾よく絡めとられることになるのである。

一方、基本的な言説群である「神話の三角形」も、社会システムの変容と相関して、その濃淡を変化させる。それに応じて、託宣された「異人殺し」のモチーフも社会のリアリティを構成する支配的な言説の位置を退き、共同体の無意識に融合することになる(4)。もはや「異人殺し」は、物語として人々の経験を組織する力を失うことになる。その時こそ、内田の言うような「勤勉」や「節約」といった観念が「常識的な説明」として支配的な言説を構成するはずである。それは、贈与交換システムを内面化した言説が後退した社会、すなわち貨幣経済システムの社会なのである。

注

（1）こうしたアイデア自体は決して目新しいものではないはずである。「異人殺し」のモチーフは、すでにフロイト（Freud 1925=1970）がその「トーテムとタブー」で論じ、ジラール（Girard 1972=1982）が指摘した供犠のメカニズムと同型の構成をとっている。ちなみにフロイトは次のような「神話」を「タブーの起源」として提示している。「ある日のこと、追放された兄弟同志が連合し、父親を打ち殺して食べてしまい、そこで父親群に終止符をうつのである。……（中略）……たしかに暴力的な原父は、兄弟集団のだれにも羨まれ、かつ恐れられた模範であった。そこで彼らは、それを食いつくす行為において、父との一体化を遂行して、おのおのが父の強さの一部を自分のものとした」のである（Freud 1925=1970: 367）。結論を先取りして言えば、貨幣を目的とした殺害が「タブー」なのではなく、すでに贈与交換の論理に規定された神（超越的な「他者」）と人（自己）との関係のうえに、貨幣に媒介された、それとは相容れない新たな関係性が設定されることが「タブー」なのである。

（2）内田（1996）は、「貧」と「富」について、さまざまな角度から論じている。社会学の立場からの研究ではあるが、今後の民俗学の方向を考えるうえで、重要な示唆に富んでいる。「異人殺し」伝説についても「共同体の殺意」と題して一章を割いて検討を加えている。以下は、それを私なりに紹介したものである。

（3）浜本（1989）を参照。関係性について語ることはできず、ただ関係性に即して語るよりほかない、という人間の言語の特性が、人間の「経験」を「物語」によって組織してしまう事態を検討している。関係性について直接語りえない以上、関係性の連鎖を比喩的に取り出して、間接的に指し示すほかないことになる。

（4）「異人殺し」が、民俗的「説明」として妥当性を獲得しうるのは、ほかの言説群との関係性においてである。ほかの言説群も固定されたものではなく、新たな言説が次々と語り出され、それらが支配的な言説を構成していくことになる。贈与交換システムの論理を内面化した言説群との関係性において妥当性を獲得している「異人殺し」は、貨幣経済システムの浸透にともなって、その妥当性を剥奪されていくことになる。たとえば矢野（1992）は「異人殺し」もまた多くの説明の一つにすぎず、近代という時代の変化にともなって「勤勉」「節約」といった「通俗道徳的規範」に基づく説明が支配的になっていくことを明らかにしている。

ちなみに、「勤勉」や「節約」という概念を用いた内田の説明は、今度は人類学的な説明と逆に、「通俗道徳的規範」に基づく村落共同体の新しい説明をなぞっていることがわかるだろう。「異文化理解」を目的とする人類学者と、自らの社会を対象とする社会学者との基本的なスタンスの違いがよく表れているといえよう。しかし、両者の違いは見かけほど大きくないはずである。

第4章　異人から死霊へ——異人自殺伝説の生成

1　「死霊」を祀る

「異人殺し」伝説のモデル

前章で触れたように、「異人殺し」伝説は次のような基本モチーフで構成される。

（A）ある日、旅人が村のなかのある家に一夜の宿をとる。その家の者は、旅人の所持する金品欲しさに、旅人を殺害する。奪った金品を元にして、その家は栄える。

（B）しかし、ある時その家の子孫に不幸な事件が起こる。シャーマンの託宣によって、その不幸の原因が殺された旅人の祟りとされる。祟りを鎮めるために、旅人の死霊を祀る。

「異人殺し」伝説は、顕在的／潜在的な二重の位相において「村落共同体の統合」という同一の目的をもつという「機能的な説明」がなされてきた。しかし、それぞれの説明には、「異人殺し」のモチーフを構成する異なる部分が用いられる点に注意しなければならない。

まず、「富の不均衡」によって生じた混乱を回収する説明には、「異人殺し」伝説に描かれている異人を殺害して奪った「金品」、すなわち「貨幣」が使用される。一方、「不幸な事件」によって生じた混乱を回収する説明には、「異人殺し」伝説に描かれている殺害された異人の祟り、すなわち、「死霊」が使用される。つまり、それぞれの説明には、「貨幣」と「死霊」という異なるアイテムが用いられるのである。

しかし、従来、「貨幣」を軸にした説明を取り出して、モデル化がなされてきた。その結果、次のような結論が導かれてきた。

> 旧来の村落共同体はそれを維持しようという努力にもかかわらず貨幣のためにほとんどが解体されてしまったのだ。〝貨幣殺し〟を実現して旧来の閉鎖的な村落共同体を守り続けることができず、逆に貨幣経済のために村落共同体は押しつぶされてしまったのであった（小松［1989］1997: 74）。

以上のようなモデルでは、貨幣経済の浸透という事態に対して、特定の家を排除しても一時的な対処にしかならず、根本的な解決は得られないため、村落共同体は解体してしまうほかはない。

しかし、「仮に殺害して栄えている噂話に半信半疑の者がいたとしても、不幸が続いたりする事は富豪になった原因を逆説的に認識させてしまう。悪業をして豊かになったから不幸になる。不幸が続くのは噂どおり悪業をしたからだと理由づけが行なわれる」（戸塚 1979: 78）という指摘があるように、噂話として流通する場合にも、伝説のAとBとは不可分なかたちで語られ、ここに、シャーマンの託宣が介入する余地が生じる。目の前の不幸な事件を説明する必要から、Aが持ち出されていることがわかる。

つまり、仮に「富」の起源として「貨幣」だけが語られる場合でも、潜在的にはいつでも「死霊」が登場する、不幸の原因をめぐる物語が、語り出されるのを待ち構えているといえるだろう。

ここで、「殺された異人の死霊の祟りによる不幸の発生」というBの説明のモチーフに焦点を当てると、村落共同体は、死霊の祟りをめぐる物語の圏域として再編成されることがわかる。

しかしここで、祟りの訴求対象が、異人を殺害し、金品を強奪したとされる特定の家に限定されている点に注意したい。つまり、異人の死霊と村人は等距離ではなく、特定の家以外の村人は、その家の盛衰の物語を鑑賞する観客にすぎない。そのため、祟りを受けた特定の家を排除するという結論で終わってしまうのである。

習俗の秩序の再編成という観点からいえば、村には祭祀という儀礼的行為の次元での共同性、つまり祭祀集団の確立が必要なのである。その意味で「異人殺し」伝説のモデルでは、殺害された異人の死霊の祭祀集団の形成という観点から言えば、村落共同体は貨幣のために解体されつくしてはいないが、充分に再編成もなされていないのである。

これに対して、次のようなタイプの「異人殺し」伝説では、事情が異なってくる(1)。

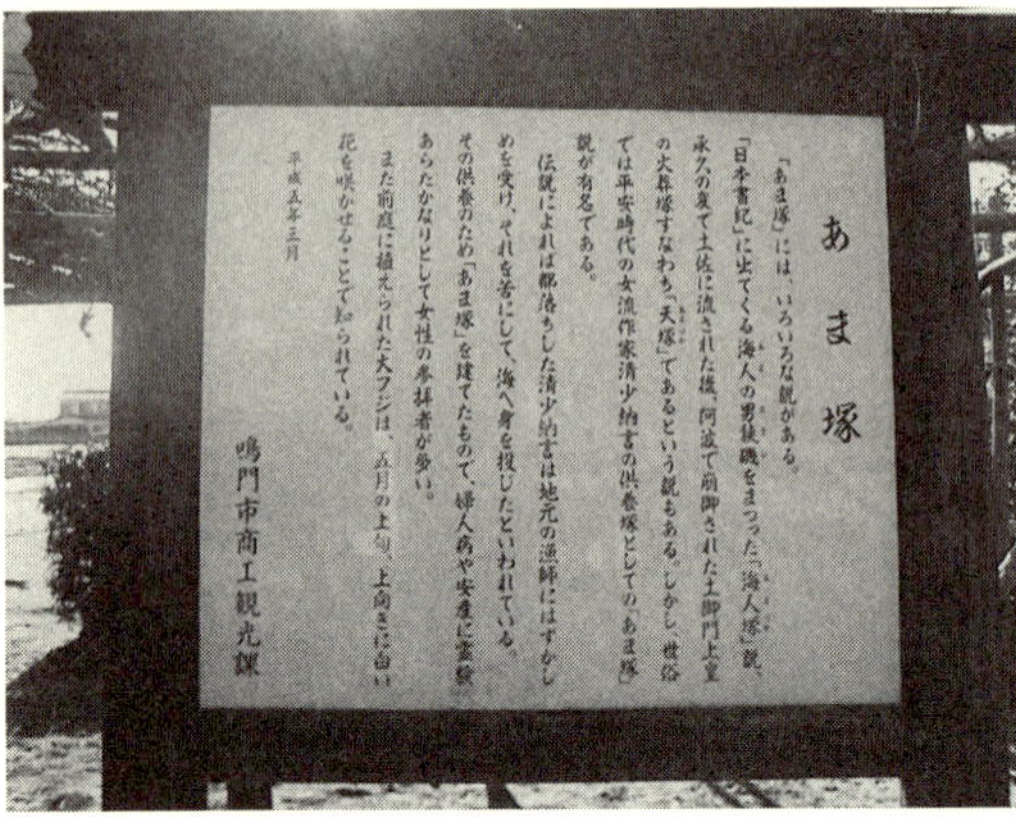

写真 4-a　鳴門の尼塚　説明板
徳島県鳴門市　2006 年 2 月 13 日筆者撮影

事例 1
尼塚という五輪の石塔は、撫養《むや》里浦《さとうら》の北手の砂地にあるが、昔、清少納言が、尼となってこの地に死んだのを、葬った塚であると言い伝えている。一説に、清少納言が、罪あって、空舟に載せられ、海に流されたところ、漂流して里浦に流れ着いたのを、浦の人が、其衣服財物を利として、これを殺してしまった。ところが、その恨みでこの辺に癘疾《れいしつ》が多かったので、この塚を建ててその菩提を弔ったところ、それから漸く悪病が減じたとされる。――徳島県鳴門市（藤沢 1917: 91）

この伝説もまた、宗教者が占ったのか、村人の口から自然と語り出されたのかわからないが、ある時、村で流行った病の原因として語り出されたと考えられる。病の原因が殺害した異人の祟りであり、それを鎮めるために塚を建立して菩提を弔ったと明確に語られており、そう考えておそらく間違いないだろう（写真 4-a）。

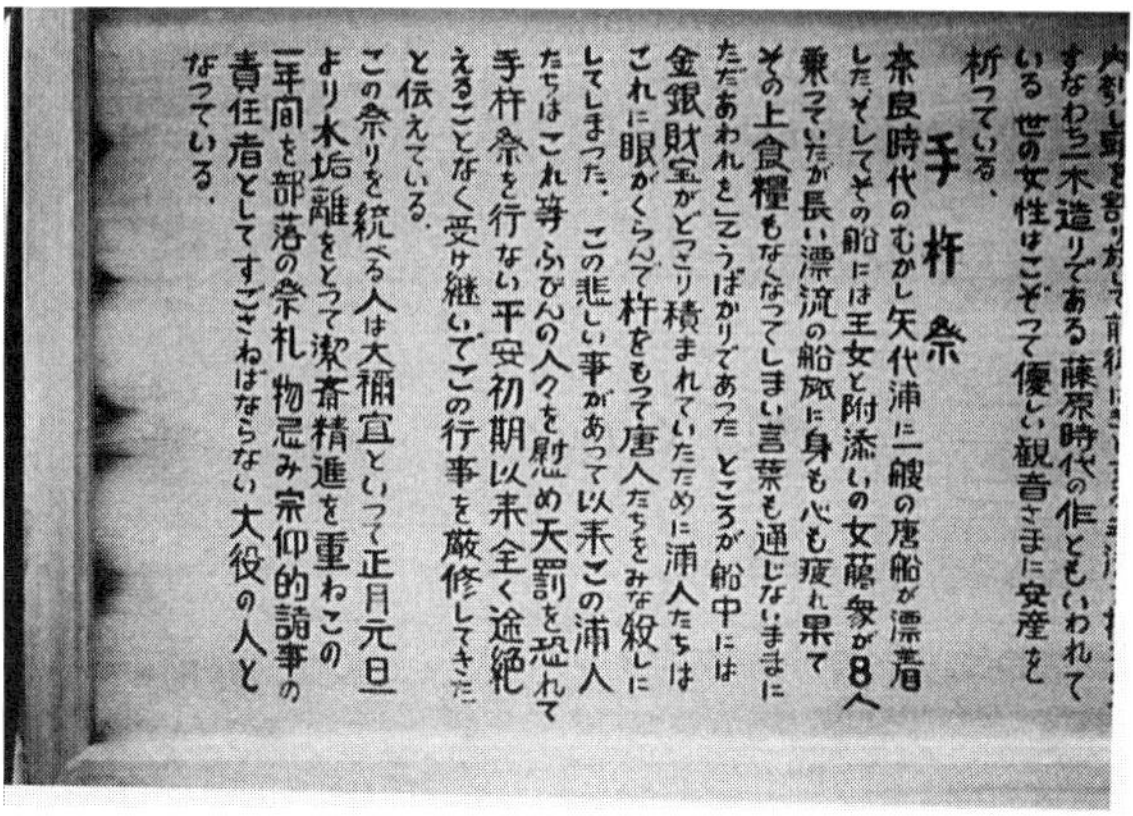

写真 4–b　若狭小浜の手杵祭の説明板
福井県小浜市矢代　2005 年 4 月 2 日筆者撮影

この伝説は、浦人たち一般が異人の殺害に関与したと語られている。それは、この辺の浦人に病気が流行ったと語られていることにも示されている。つまり、死霊の祟りの原因として特定の家が訴求対象になっていない。

このように、都から流れ着いた貴女の衣装や財宝に目が眩み、村人が貴女を襲って殺害した、という伝説は各地に伝えられている。しかし、民俗学者の橘弘文は、ほぼ同様の内容をもつ伝説でありながら、特定の家とそれ以外の浦人たちとの間に区分が持ち込まれることに注目して、興味深い研究を行っている（橘 1989）。以下、橘の研究をここでの関心にそって紹介してみよう。

事例 2

若狭湾に面した福井県小浜市に伝わる手杵祭という儀礼には、その起源として、かつてこの村に唐国の王女と付き添いの貴女の八人が漂着したが、財宝に目が眩んだ浦人が殺害して奪ったという伝説が語られている。その後、浦には悪疫が流行し、王女たちの死霊を鎮めるために、この儀礼が始まったとされる。手杵祭の「手杵」とは、王女たちを殺害した際に用いられた杵を指しており、儀礼では殺害を模した様子が演じられる。――福井県小浜市

手杵祭の起源を語る伝説は、村人が異人を殺害したと語っても、誰が殺害に加わったのか明確には語られていない（写真4－b）。ところが、この儀礼には、旧庄屋は参加しないことになっている。そこで儀礼をめぐって異なった解釈が生み出される。

儀礼に参加しない旧庄屋側の家の者は、その理由を、旧庄屋の祖先は異人の殺害に加担しなかったからであると説明する。ところが、それ以外の村人たちは、それに対抗するように、庄屋をしていた家が殺害に加担してないはずはない、実際に手を下さなくても指図していたとする。つまり、殺害は村落共同体の総意で行われたことになる。

橘の研究が興味深いのは、「異人殺し」伝説の新たなタイプを示しているようにみえるからである。つまり、村人が一致して殺害する「人身御供」や「人柱」、あるいは事例1の伝説などを第一のタイプ、特定の家の者が殺害するいわゆる「異人殺し」伝説を第二のタイプとし、事例2は第三のタイプといえる。このタイプは儀礼をめぐる解釈を通じて、殺害された異人と村人たちが等距離ではなく、村の内部において、特定の家とそれ以外の村人たちの間に非対称的な区別が導入されている。第二のタイプと同様に、村落共同体は祭祀集団としては不徹底なかたちで再編成されているといえる。

村の内部に非対称的な区別を持ち込むことなく、祭祀集団として再編成されるためには、村人が一致して殺害する第一のタイプ以外ありえないようにみえる。しかし、論理的には、村人が一致して殺害す

るのでもなく、また殺害に関与した家と不関与の家という区別を持ち込むこともなく、異人の「死霊」を創り出し、それを祀るという第四のタイプが考えられる。

それは、村を訪れた異人が、村人全体からも、また特定の家からも、特定の家を除いた村人からも殺害されることなく、死んでしまう事例である。たとえば、訪れた異人が村とは何ら関係のない理由で「自殺」するような場合である。自殺した異人の「死霊」を祀る場合には、村のすべての家を「死霊」と等距離の祭祀集団として再編成することが可能である。すなわち、「異人自殺」伝説である。

これを「異人殺し」伝説の第四のタイプと捉えるのは、村落共同体が異人の死に至る物語を必要として語り出した点で共通しているからである。以下では、「異人自殺」伝説を取り上げて、習俗の秩序の再編成という観点から検討していくことにしたい。

2　「異人自殺」伝説

自殺の「動機」

玄界灘に面した福岡県糸島半島の伝説集『糸島伝説集』に、「岐志《きし》の高峰さま」という見出しを付けられた伝説が収められている(2)。伝説集は一九三三（昭和八）年に刊行されて以来、何度かの改訂を重ねている。ここで取り上げるテキストA（後掲資料）は、一九九五（平成七）年度版の記述を紹介したものである。

この伝説では、父を探し求めて四年間もの間、遠く金沢から糸島半島まで旅を続けてきた若い武士、和泉熊太郎が、ようやく再会した父に拒絶されて、絶望のあまり当地の浜辺で自殺するまでの経緯が語られる。そして、どのような理由で「高峰大明神」と名づけられたのかは不明だが、石碑と祠が建てられ、毎年命日に供養が営まれていることが記されている。現在でもこの浜辺の小さな集落は、自殺した異人の霊を「神」として祀る祭祀集団として存続し、定期的に儀礼が行われている。

さて、この伝説には、いくつか奇妙な点がある。まず、なぜ彼の名前や、当地にたどり着くまでの四年間の旅の遍歴について、これほど詳しい事情が伝えられているのか、という点である。

その理由として考えられるのは、自殺する直前に、村人と異人が言葉を交わした時に、じつは事情を聞いたのではないかという説である。しかし、異人が突然自殺しており、詳しく話をする余裕はほとんどなかったと考えられるので、この説を採用するのは難しい。もう一つ考えられるのは、糸島半島に近い前原《まえばる》の旅館で、異人が身の上話をしたのではないかという説である。しかし、宿の主人が「どんなわけか存じませぬが何か深いご事情がおありのようす」と述べているように、やはり詳しい話はしていないと考えられる。

むしろ重要なことは、これらの登場人物を配置することで、以上のような疑問を抱かせないように、一つの整合性をもった文体で伝説を形成しようとする配慮が働いていると考えられることである。これは、前原の宿が「和泉屋」となっており、異人の「和泉熊太郎」と同じ姓の屋号であることにも示されている。「和泉屋」の主人は伝説に整合性を与える「神話上の人物」であるといえよう。

このことは、異人が自殺する現場を村人が目撃していることがはっきりと描き込まれている点にも示されている。「異人殺し」伝説の場合には、シャーマンの託宣によって語り出されていたため、異人が殺される場面を目撃した者はいなかったはずである。その点でこの「異人自殺」伝説は、より「歴史的事実」であることを強調した描き方だといえる。

この伝説には、以上のような仕掛けがはりめぐらされていることがわかる。その理由として考えられるのは、遠く加賀の国からはるばる若い武士がやって来て、何ら縁もゆかりもないこの岐志の浦の浜辺で自殺する不自然さにあるといえよう。つまり、自殺というショッキングな行為の動機とその動機を担保する条件だけでなく、自殺の舞台を考え合わせると、明らかに不釣合いが感じられるからである。

井上俊は、「動機と物語」という論文において、いくつかのエピソードを挙げて、いわゆる「釈明」にはほとんど役に立たず、むしろ自分を不利な状況に追い込むようなモーティヴ・トークの一種に注意を促している。井上によれば、「通常のモーティヴ・トークにおいて期待される釈明や弁明」よりも、むしろ「事実の説明が期待」されており、「釈明への期待がまったくなかったとはいえない」が、それよりも先に、「どうしてそういう事態が起こったのかを知ること」が、周囲の関係者にとって必要であったとして、次のように述べる。

「釈明」を要する規範的（normative）な秩序の混乱よりも、「説明」を要する認知的（cognitive）な秩序の混乱のほうがまず問題であった、ともいえよう（井上 1997: 33）。

遠国からはるばるやって来た旅人が、縁もゆかりもないこの集落の浜辺で自殺するという事件は、たんに「釈明」を要する規範的な秩序の混乱だけではなく、認知的な秩序の混乱をも引き起こしているといえるだろう。そのため、自殺に至る経緯が長く語られていると考えられる。言い換えるならば「異人自殺」伝説は、村人がその規範的および認知的な秩序を防衛するうえで適合するように、細部に微妙に手を加えられながら編成、再編成が繰り返されて、伝えられてきたのではないかと考えられる。

憑きもの事件

ここで引用したこの伝説（一九九五年刊）をテキストAとすると、テキストAが最初に収録されたのは一九七三（昭和四八）年度版であり、一九九五年度版まで、文字訂正や表現上の修正を除いて同一のテキストであるといえる。ところが、一九三三（昭和八）年に刊行された『伝説の糸島』に収録されたテキストは、内容はほぼ同じであるが、細部においてある隔たりが見られる。これをテキストB（後掲資料）と呼ぶことにする。

さてテキストBを見ると、テキストAとは細部において違いがあることがわかる。父の名が和泉某となっており、はっきりしていないこと。加賀の国の武士であることは同じだが、いつの時代か明確ではなく、加賀藩の前田家の家臣であったかどうかもわからないこと。父と熊太郎の出会いの場面が、テキストAよりも詳しく書かれていること。また、テキストAで描かれていた前原の旅館、「和泉屋」についての記述はなく、熊太郎は父を見失うことなくその後をついてきていることである。

さらにこのテキストBが興味深いのは、テキストAでは描かれていた、異人の自殺を目撃する村人が登場しないことである。つまり、自殺するまでの遍歴を聞き、そして語り伝える「媒介者」としての村人が、テキストBには描かれていないことになる。

テキストＢは、伝説としてかなり不安定な構造を抱えている。規範的な秩序のみならず、認知的な秩序においても、混乱をきたしていることになる。にもかかわらず、村人にとってこの「異人自殺」伝説は歴史的事実として受け入れられ、異人の死霊を神として祀る祭祀集団として、集落は存続している。では、この「異人自殺」伝説は、この集落においてどのように「歴史的事実」としての妥当性を獲得し、定着することになったのであろうか。

注目したいのは、テキストＢの末尾には、次のような記述がつけられていることである。

かゝる悲壮の死を遂げた熊太郎の遺骸は、里人の情けで懇ろに浦邊に葬られたが、其の後時を経て熊太郎の霊が岐志の某家の主に憑いて、神秘的な幽界の事を語つた不可思議極まる記録が『幽顕問答』とかいつて久我の神官宮崎家に遺されてある。

此の和泉熊太郎の霊を祀つた高峰大神の祭典は毎年十月三日に行われて、孝心深き不遇の勇士の英魂を里の人々は慰めて居るのである。

つまり、こういうことである。自殺した異人の霊がその後時を経て、この集落の某家の主に憑依して語ったとあるように、この伝説の背景には「憑きもの」事件があったのだ。この伝説は江戸末期に当地の庄屋の長男市次郎が病になり、その病気治癒の儀礼の最中に、突然、若い武士の死霊が憑依して語った内容が物語化されたのである。

次章では、憑依霊の語りが記録されたテキストを手掛かりに、伝説生成の舞台である悪霊祓いの儀礼の現場に降り立ってみたい。

注

（1）地元ではよく知られた話であり、郷土史関係の著作、たとえば西田（1986）や西條（1985）などにも詳しく紹介されている。また、柳田（1931）や青山（1934）など『旅と伝説』誌上にも掲載されている。柳田國男はこの伝説に触れて、「上臈が浦人に苦しめられた話は太平記以来であるが、ここではその祟りで悪疾を患う者が多く、その霊を慰めんが為に塚の前で祭りをするが例となり」と述べている。また、清少納言は浦人に辱めを受け、それに怒って、自分の陰部を切って海に棄てて自殺したとも伝えられており、地元の産物である貽貝《いがい》の起源説話にもなっている。なお、引用にあたっては、藤澤（1917）をもとに、文字や表現を現代的に改めて読みやすくした。

（2）『伝説の糸島』は地元新聞社の記者によって、一九三三（昭和八）年に刊行される。これを定本として、言葉遣いの改変や新たに補足を行い、一九七三（昭和四八）年『糸島伝説集』糸島観光協会、が刊行される。その後一九七六（昭和五一）年、数編を追加した改訂版『糸島の伝説』を同じく観光協会が刊行し、一九九五（平成七）年、糸島新聞社が再編集した『糸島伝説集』糸島新聞社、が最新版となっている。

資料　糸島伝説

テキストA　岐志の高峰さま

志摩町の昭和バス岐志バス停前に花掛神社があり、この玉垣を左に沿って細い道を入ってしばらく行くと、右手のやや小高い所に高峰大明神と刻まれた古い石碑《いしぶみ》と、それを囲む小さな祠がある。世に忘れられたようなこの石碑には、次のような北国武士の悲劇が秘められている。

今から約三何百年前の一六九五年（元禄八年）ごろ、雪深い北国の町金沢に和泉監物《いずみけんもつ》という武士がいた。加賀百万石といわれる前田家家中の者で、改作奉行という役目をもっていた。

改作奉行というのは、今の農政のことで農地の拡張整理、測量、それに年貢米の取り立てが任務で藩でも一番大切な役目である。

加賀の前田家といえば全国指折りの富豪大名、それだけに江戸幕府も何かといえばすぐ加賀藩に出費を命じた。そのため加賀藩も表面は物持ち大名だが、台所のほうは案外に苦しい。たまたま元禄八年の秋は凶作で、農民のことを一番知っている和泉監物は「今年ばかりは年貢米の取り立てに手心を加えてやらねば、今後農民が立ち直れなくなる」と老中（藩の財政役）に願い出たが「そんなことをしてやると農民どもがつけあがる。これまで通り厳重に取り立てよ」と命令した。いくら農民たちの実情を説明しても分からぬ老中たちに和泉は思わずカッとなり「このうえ農民たちを苦しめて何の加賀百万石ぞッ」と叫びながら老中の一人に切りかかった。相手の傷は浅かったが、この思いがけぬ事件に和泉家は閉門、次いで追放の身となった。

殿のため、藩のためと思って願い出たことが反対に身に降りかかる災難となり、和泉はこれを機会に武士の生活と絶縁することになったが未練はなかった。

泣いて別れを惜しむ妻子に「なにも泣くことはない。殿にもやがて私の真意が分かってもらえる時が来る。それまで健康に気をつけて暮せ」と言い残して、彼はひょう然として放浪の旅に出た。それから三年の月日が流れ、和泉は安芸（広島県）尾道の宿場町にさしかかった。そのとき向こうから来た若い武士が「父上、父上ではありませぬか、熊太郎でござります。お懐かしゅうございます」と走り寄って来た。

よく見れば金沢の家にいるはずの長男熊太郎である。別れた時は十七歳だったが、もう立派な青年になっている。「おお熊太郎か、立派になったなァ」父と子はしばらく無言で抱き合っていたが、やがて冷静さを取り戻した父が「熊太郎よく成人してくれた。しかしそなたは父が不在中、家を守ろうともせず、母一人を残してどうしてこんな遠国をさまようているのじゃ」と冷たく突き放すように言った。

すると熊太郎も「父上こそ、私は父上を探してこの三年間続けて歩いているのです。国では母上が父上の帰参の日が一日でも早くかなうよう、朝晩神仏にお祈りしておられます。もはや殿様のお怒りも解けたでしょう。さあ、一緒に帰ってください。母上もお待ちかねです」と強い口調で言った。

涙を流しながら訴える熊太郎の顔を見て、さすがの監物の心も動揺したが「いや許せ。殿のおとがめを受け国を出たからには十年、二十年たっても身の潔白が立つまでは帰らぬ、わしは自分のしたことを今でも後悔はしていない。この父を案じるよりも、そなたは早く帰り、母上に孝養を尽くしてくれ。それがそなたのやるべきことだ」と熊太郎の手を振り切り、監物は後も見ずに立ち去ろうとする。

「父上、まだお話しせねばならぬことが……しばらくお待ちをッ」。涙声で後を追う熊太郎の声を聞きながら監物の足は夕暮れの人込みの中をさらに西に向かって急いだ。失望のあまり熊太郎は枯れ木のように、すでに暗くなった路上に立ち尽くした。

このような父と子の出会いと別れは、その後も下関、小倉、博多と続いたのであるが、いずれも涙の結末だった。

その年の秋も深くなったある夜、前原の和泉屋という宿に熊太郎は着いた。父はかねての知り合いを訪ね、このように西への旅を続けているらしいので、それを頼りに熊太郎もこうして後を追っているのである。夜も更けていたが、宿屋の主人は快く迎え入れ「お疲れさまでござりました。お一人旅のようですが、どちらから」「はい、加賀の国の者です」聞いた主人はびっくりして「はて、きのうのお客様も加賀とかおっしゃっていましたが……」「えッ、その客はここからどこへ」「なんでも唐津へ行きたいが、船旅のほうにしようと、今朝岐志の浦に向かわれました」「かたじけないご主人、それこそ私の探している父上だッ。ご主人、私はこれからすぐ父を追って行かねばならん、道を教えて下され」

びっくりした主人も「どんなわけか存じませぬが何か深いご事情がおありのようす、私もこんなうれしいことはございません。ではすぐご出立を……道はこうこうでござります。あなた様のお足なら急げば出船に間に合いましょう」とわがことのように身支度させ、道を教え弁当まで持たせて送り出した。

加布羅川に舫《もや》ってあった舟で向こう岸に渡り、可也山のふもとをひた走りに走って、熊太郎が岐志の浦に着いたのは夜もしらじらと明け染めるころであった。そのとき朝霧の中からホラ貝の音とともに「おおい船が出るぞー、唐津への船が出るぞー」という船頭の声が響いてくる。あの船に父が乗っておられたらどうしよう。間に合わねばならぬ。熊太郎は息を切らしながら波打ち際に駆けつけた。

だが父はもう船上の人となっていた。国を出てもう四年、見る影もなくやつれ果てているが、父の姿に間違いない。「船頭衆、お待ち下され。その船しばらくお待ち下され！」熊太郎は冷たい波打ち際をザブザブと走りながら、船のとも綱に取りすがった。

「お父上、熊太郎の最後のお願いでございます。私と一緒に金沢へお帰り下さいませ」熊太郎は声を振り絞りながら、船を見上げた。しかし船上の父の言葉は冷たかった。

「この愚か者めッ、あれほど言って聞かせたのにまだ後を追って来たのか、早く国へ帰れ、帰って母に孝養を尽くせ、早々に立ち去れ、もう何も言うことはない。船頭衆、早く船を……」船頭も浜の人も、何か事情ありげな父と子の姿を見て、どうしてよいか分からずぼう然と立ちすくんでいる。

熊太郎は心を決め「父上、父上がそれほどのお覚悟なら、もう国へお帰り下さいとは申しませぬ。最後のお願い、この熊太郎も父上のお供をさせて下さい」と叫んだ。

船上の父は「いやならぬ。そなたはこの父と同行してはならぬのじゃ。母が待っている。早々に帰れッ」和泉監物は腰の刀を抜くや否や、とも綱を断ち切った。それはさながら肉親への愛着を、われとわが心に断ち切るような表情であった。船はゆらゆらと岸から離れ出し、残された武士を哀れと思いながら船頭衆も帆を張り始めた。やがて船は晩秋の朝の日をいっぱいに受けながら引津浦の沖合に出て行った。

足元を波にもまれながら、気の抜けたような表情で遠ざかる船を見つめていた熊太郎は、精根尽き果ててその場にうつ伏した。浜の漁師の一人が近づいて「お武家さま、どんな事情かは存じませんが私にお任せ下さい。明日の船便で私がご案内致します。唐津とは目と鼻の先でございます。今夜は私の家でゆっくりお休み下さい」と慰めた。

「ありがとうございます。けれど私の生涯はこれで終わりました。父を探して四年、その辛苦もこれで水の泡となりました。生きる望みもございません。ご厄介かけてあいすみませぬが……」と言うと脇差を抜いて自分の腹に突き刺した。

パッと飛び散る血が、あたりの砂浜を赤く染めた。

「げッ、早まったことを…」「お武家さまのご自害だァー」驚いた浜の人々が走り寄って熊太郎を抱き起こそうとしたが、すでに息絶えていた。

「この若い身空で、何というおいたわしいことを……」。どこの誰とも分からぬながら、浦の人たちはその日は漁を休み、懇ろに死体を葬った。そして父と子の不遇不幸をわがことのように悲しみながら、塚を建ててめい福を祈った。

　高峰大明神という名の由来はよく分からないが、今でも十《マ》月十三《マ》日の命日には、ささやかな供養が営まれ、また日ごろも石碑の前には線香の煙が漂っている。(『糸島伝説集』糸島新聞社 1995: 109–112)

テキストB

引津海辺の岐志浦の産神花掛神社の裏手、雑木の生ひ茂つた小高い所の苔蒸した石段を登ると、小さい祠があつて、其の中に高峰大神と刻んだ古い石が祀つてある。餘り聞いた事のない神の名であるから、里人に其の由來を尋ねると、聞くも哀れで壮烈な話が殘つて居るのである。

　昔、彼の雪深い北國は加賀國に和泉某と云ふ武士があつた。生來剛直な人であつたので、或時多年仕へて居た主君に何か非行があつたのを、例の氣質で黙して居られず、君前に進んで手厳しく直諫したので、餘程主君の機嫌を傷けたと見え、主君は自分の欠點は棚に上げ、次第に和泉を遠ざけるやうにして居た。其の中に僅かの過失のあつたのを咎めて、遂に追放の罪に處したのであつた。斯く君の勘氣を受けた和泉は、自分の諫言が主君の耳に逆うた事を悔いもせず、何時か主君の覚醒される時期が來て、今毒薬のやうに思はれて居る自分の諫言が、良薬となつて奇効を奏する事もあらうと、家に歸つて妻子に今日の不首尾であつた事を告げ、意外の出來事に驚いて泣き沈んで居る家族の者等を宥め、主君の御怒りの和ぐまで少時國を遠ざからんと、涙を呑んで、住慣れた故郷の山河を後に飄然と立去つたのであつた。

　可愛い妻子や多年忠實に仕へて呉れた家來共に悲しい別離をして、郷國を去る事になつた和泉某は、行雲流水の自由の身となつたので、昨日は東、今日は西と知人や舊友を訪ね歩き、行暮れては或いは野に臥し山にも寝て、草を褥に石枕の放浪な生活を續けながら、二三年の後には中國地に漂泊ひ來り、安藝の或小駅に差蒐つた。其の時、此方に向つて來る若い男と出會した和泉某は何氣なく其の顔を見ると、其の男も和泉を見て互に『アつ』と驚いて立停まつた。『御父上では御座りませぬか』『ウム其方は熊太郎ではないか』と言葉を交はしたまゝ両人は暗涙を催ほして少時無言であつた。其の若い男は四五年前和泉が國を出る時家に殘して來た一子の熊太郎であつた。別れた時にはまだ十七歳の少年であつたのが、今は筋骨逞しい一個の壮漢となつてゐた。和泉は心中尠なからず其の成長の速かなるに驚きもし嬉しくもあつた。けれども父は胸中深い考へがあるらしく、懐かしい此の子に對して優しい言葉はかけなかつた。

『熊太郎其方は父が不在中家を守らうとはせず、母一人殘して何しに恁う云ふ遠國に徨うて來て居るのぢや』

と父に詰じられた熊太郎は頰を傳ふ涙を掌で拭きながら、

『私は御父上戀しさに御跡を慕うて参りました。國では母上が父上の御歸参が早く叶ふようにと朝晩神や佛に祈つて居られますのを見るに見兼ねて、私は母上には無斷で國を出まして、御跡を尋ね歩いて、此の兩三年の難儀苦労は今思ひましても涙の種で御座ります。併し其の甲斐あつて懐しい御父上に今日御遭ひ申しましたのは、兼々祈る神佛の御加護で御座りませう。どうぞ國に淋しく待つて居られます母上や此の私を哀れと思召して、今から直ぐに御歸國遊ばすよう御願ひ申します。定めし御主君の御怒りも今頃は最早御和ぎかと思はれますれば屹度御詫も叶ふ事と存じます』

と涙と共に父に訴ふるのであつた。最前から我子の眞情籠めた言の葉を瞑目して熱心に聴きながら、いたく感動の態であつた和泉は俄かに聲荒げ、

『イヤ其れは罷りならぬ。一旦君の御咎めを蒙つて國を出たからは、假令十年二十年經つたとて君の御心の解けぬ迄は歸國は致さぬ。殊に予が氣性として無理に御詫するやうな尾を振つて媚びる犬の眞似は出來ぬ。予が行つて來た事は總べて俯迎天地に耻ぢぬ積もりぢや。天日が赫灼と下界を照らして居られる時が來れば、此の父にかゝつて居る妖雲も霽れる事もあらう。予は身が潔白になるまでは、如何な事があつても國には一歩も脚を入れぬ決心ぢや。其方は早く立ち歸つて母を労わつて呉れ。其れが家の為でもあり、また兩親に對しての孝行ぢや。

モウ外に用はない。……是れで別れるぞ』と言ひ放つて行かうとする。熊太郎が『御父上暫く……まだ申上る事が御座ります。御父上』と袖に縋つて引戻さうとする。和泉は『モウ聞く事もなければ云ふ事もない』と熊太郎に捉へられた袖を振放して、後をも見ずに急ぎ去つた。

熊太郎は折角邂逅た父に、會つたと思ふとつれなく逃げられたので、必死となつて跡を追はんとしたけれども、早や黄昏の頃となつて居たので、朧氣に街を往き交ふ人の中に、父の姿は見る間に消失せて了つた。熊太郎は早や追行く力もなく、只呆然と暮行く街頭に立つて居るのであつた。

兩三年の間あらゆる辛苦を嘗めて漸く邂逅た父に今菅なく逃げられて、熊太郎は失望のあまり、暮行く街頭に枯木のやうに淋しく立つて居ると、忙しさうに急ぎ行く人が突當つた。驚いて我に返り思ひ出したやうに父の跡を追うたけれども、最早何所へ行つたやら其の姿を認むる事も出來ず、熊太郎は愈々落膽して路傍の石に腰掛け悄然としてゐた。併し恁んな氣弱い事では、彼の頑固な父を説伏せて連歸る事は出來ないと、又氣を取直して心當りの旅籠や茶店などを尋ね廻り、父は西の方へ行つたらしいので、其の跡を追うて中國筋を下る事にした。そして赤間關に着く迄は、父が通り過ぎた形跡を略知る事が出來ても、追付く事は出來なかつた。

けれども豫て父の舊友が豊前小倉に居る事を聞いてゐたので、屹度對岸に見ゆる九州へ渡つたに違ひないと、熊太郎も便船で小倉へ渡つて、城下の町を隈なく探したが、父は未だ渡つて來て居らぬか少しも手懸りがないので、暫時此の地に足を留めんと宿を定め、毎日船着場や城下口などに出て目を配つてゐた。けれども一月經つても二月過ぎても父の姿を見出す事が出來なかつたので、逌の熊太郎も根氣が盡きさうになつて來るのであつた。

斯く迄探しても手懸りのないのは、父は既に此の地に來て、自分の知らぬ間に何所へか立去つたのではあるまいか。父の知邊は肥前の唐津とやらにもあると聞いて居る。或は既に彼の地に赴いたかも知れぬと考へたので、今日限り此の地を引上る事に決心して其の用意にかゝると旅籠の主人は、今暫く滞在したならば尋ねる人に出會ふも知れぬと、親切に引留めて呉れた。併し夫れも退けて宿を立出ると、三月餘りも逗留した町とて、何となく名殘の惜しまれるので、今迄毎日のやうに行つてゐた海岸に出て、渡船場に立つて海面を眺めて居ると、赤間關の方から一艘の舟が近づいて來た。

軈て渡場に着くと、舟から上がつた大勢の中に、浪人らしい一個の武家があつた。熊太郎は其れを見免さず注目して居ると、まさしく尋ねる父らしい。胸躍らせて近寄り來る武家の笠の下から其の顏を覗ふと、擬ふ方なき父であつた。熊太郎は思わず『御父上……暫く』と叫んだ。其の聲は涙と共に震へて居た。

呼び懸けられた武家は果たして和泉であつた。彼はギョッとして足を停め笠の中から熊太郎の顏を見て、何事か言はんとしたが、何と思つたか其の儘一言も発せずすた〳〵と急ぎ行くので熊太郎は追懸けながら『御父上暫く』と叫んでも、和泉は尚も何とも言はずに益々足を速めて見る間に遠ざかり行くのであつた。熊太郎は餘りに父の重ね〳〵のつれない仕打ちを思ふと、悲しさが胸一杯になつて、自づと湧き出る涙に眼をしばたゝきながら、彼方に急ぎ行く父の姿を見ると、小倉の城下を離れて西の方を志すやうであるから、今度は見失うてはならぬと、熊太郎は突然走り出して父の跡を追うた。

憎いほど頑固一徹の氣質の父には、さすがに根氣強い熊太郎も困り果てゝ、最早や此地から斷念して郷國へ引返へさんとの心も起つて來るのであつたが、故郷の家に吾等の歸りを楽しみに待つて居られる母上の事を思ふと、自分一人で、父上を連れずにすご〳〵歸つては、母上にも兄弟にも申譯がなく、又其等の人々が力を落とした顏を見るのも如何に辛からんと思へば、純情な青年だけに、又心を振ひ起して、背後を見やうともせず西に向つて去つて行くつれない父の跡を追うて、見失はぬやうに歩を運ぶのであつた。

斯くて熊太郎は父が日暮れて驛に宿を求むれば、自分は其の宿屋の別間に泊り、父の落着く處までは跡を追はんと執念に尾行を續けるのであつた。軈て此の不遇な父と子は遠賀、宗像の驛々を經て、香椎潟から千代の松原を過ぎ、博多の町に入る事になつた。

世に拗ねた父も博多の繁華には心も浮いたのか、此地に暫く足を留めたので、熊太郎も旅の疲れを休めて居る中に、一旦は又父を見失つたが、確かに西に足を向けた事が判つたので、其の跡を追ひ、姪濱も過ぎ、志摩郡に入つた。父は前原の驛まで來ると、西に通ずる街道を眞直ぐに行かずに、近く仰ぐ可也山の麓を辿つて岐志の浦へと着いたのであつた。

熊太郎は父が何故にかゝる邊鄙の地に來たのかと不審に堪へなかつたが、父は此の浦から船便を待つて唐津に赴かうとするのであつた。それと知つた熊太郎は此所で父に離れては、又何時父子相會する機会があらうかと焦心して、今や纜《ともづな》を解かうとする船に近づくや、舷《ふなばた》に立つて居る父に向つて『御父上、暫らくお待ち下されますよう』と息はずませて呼ばはると、父は艫の上から熊太郎を睨めつけて、

『此の愚者奴が、あれ程言つて聽かせたのにまだ解からぬのか。早く國へ戻つて母と共に暮して居れ。時機が到來すれば此の父も必ず歸るほどに。最早何も言はずに早く立歸れ』

と叱り付けて、舸子に早く纜を解けと命ずる。舸子は泣いて舷に縋り付いて居る若い武士を見ると、憐れみを催して纜を解かうともせず、只呆然として居た。熊太郎は、

『されば御父上最早御歸國遊ばされとは申上ませぬ。何卒此の熊太郎を唐津とやらに御連れ下さるやうに御願ひ致します』

と涙を手の甲で拭きながらの顔を仰ぎ見る。

『イヤならぬ。其方は此の父と同行は罷りならぬ。早く國へ歸れ。母が待つて居る。……船頭早く船を出せつ』

と聲を荒らげる。舸子は其の聲に恐れをなして、纜を解かうとする。熊太郎は父の許しがなくとも船に乗らうと身構へる。父は咄嗟に佩刀を抜いて纜を斷切つてしまつた。其のはずみに船は岸辺を離れて沖へ沖へと遠ざかり行くのであつた。

渚に立つた熊太郎は海の彼方に細り行く父の船を無念さうに見送つてゐたが、國を去つて幾年月、あらゆる艱

難辛苦して、漸く邂逅した父には菅なく捨てられ、何の顔あつて母にまみえられやうと思ふと、万感胸に迫つて自から涙が湧出るのであつた。軈て彼は最後の決心をして砂上に端然と坐し、遥か海の果てに去行く父の船に向かつて禮拝し、帯刀スラリと抜放つや、従容として腹一文字に掻切つて、武士らしき最後の血潮で岐志の浦曲の白い眞砂子を韓紅に彩らせたのであつた。

かゝる悲壮の死を遂げた熊太郎の遺骸は、里人の情けで懇ろに浦邊に葬られたが、其の後時を經て熊太郎の霊が岐志の某家の主に憑いて、神秘的な幽界の事を語つた不可思議極まる記録が『幽顕問答』とかいつて久我の神官宮崎家に遺されてある。

此の和泉熊太郎の霊を祀つた高峰大神の祭典は毎年十月三《ママ》日に行われて、孝心深き不遇の勇士の英魂を里の人々は慰めて居るのである。（鷹野五郎『伝説の糸島』糸島新聞社 1933: 303–312）

第5章　死霊は語る——あの世の表象史

1　悪霊祓いの儀礼——『幽顕問答鈔』の分析

テキストと著者

ここで検討するテキストは、『幽顕問答鈔《ゆうけんもんどうしょう》』(全三巻)である。このテキストは平田篤胤(1776–1843)の門人宮崎大門(1805–1861)が、筑前国志摩郡船越久我浦(現在の福岡県糸島郡志摩町船越久家)の老松神社の神官であった時に、糸島半島の岐志《きし》の浦で発生した憑きもの事件に呼び出され、自ら憑きもの落としを行った際に憑依霊との間で交わした「問答」の一部始終を記録したものである(1)。

著者の宮崎大門は一八〇五(文化二)年生まれ。一八二七(文政十)年、二十三歳で本居宣長の養子本居大平(1756–1833)に入門し、国学を学ぶ。大門は大平の影響の下『道の玉はぶき』を著し、最初、平田篤胤批判を行うが、大平没後の一八三五（天保六）年に、江戸に上り平田篤胤に入門する。その後、筑前を中心に平田国学の推進者として活躍する。

篤胤の幽冥観の強い影響のもと、入門四年目の一八三九（天保十）年八月に筆を執ったのが、ここで取り上げる『幽顕問答鈔』である。大門は『幽顕問答鈔』を世に出すつもりはなく、執筆後、長らく秘蔵されていたが、一八五七（安政四）年、大門の長男の宮崎元胤が江戸遊学の際、平田篤胤の養子、平田銕胤に届けたことが、一八五九（安政六）年二月の宮崎元胤の序文に記されている。序文によると、平田銕胤《かねたね》は自分の息子の延胤にもこれを読ませ、篤胤の『仙境異聞』の付録にしたいとして、元胤に『幽顕問答鈔』を清書させたという。

宮崎大門は『幽顕問答鈔』の執筆の意図を、「偖テ人霊魂ノ人体ニ宿リシ事ハ唐土ニモ品々有リ其ノ由ハ師ノ翁ガ著セル鬼神新論ト云フ書ニ其證数々記サレタリ」、「見狭キ学者マタ偏屈ノ性質ノ人ハ世ニ怪異ハ無キ事ト定メタルニコソ笑シケレ」と述べている。つまり、人の霊魂の存在することは中国にもあると師匠の平田篤胤の『鬼神新論』にも数々その証拠が記録されている。それにもかかわらず、霊魂の存在を認めない知識人に対して、料簡の狭さを指摘し、この記録を突きつけることによって、霊魂の実在を証明しようとしているのである。

とくに、憑依霊と直接交わした「問答」の一部始終を記録した『幽顕問答鈔』のテキストが、単なる思弁や神隠しの聞き書きよりも霊魂の実在を証明するうえで、より説得性を有する点を期待していたのである(2)。

事件の舞台

一八三九（天保十）年七月四日午後四時頃、岐志の浦の庄屋O家当主の長男市次郎に突然、瘧《おこり》の症状が現れ、八月二十三日には瀕死の状態となっていた。その間、医家、神家、仏家、修験者などを招いて、種々の治療や修法を試みたが、まったく効き目がなかった。翌日、江戸遊学から戻っていた老松神社の神官、宮崎大門はO家から加持の要請を受ける。大門が到着したとき、市次郎はすでに狂人状態になっており、周囲の人々は狐の仕業と恐れ、医師の三木氏は、何の祟りであろうかと考え込んでいた。

大門は、これまでの様子を聞きながら、官服に着替え、白羽の矢を二本携え、長剣を市次郎の弟信太郎に持たせて、市次郎に近寄り、御祓い等を唱え、加持の修法を開始した。すると、御祓いや祝詞を唱えるに従い、瀕死の状態であった市次郎の体が自然に起き上がり、両手を膝におき姿勢を正した。この様子を見て、大門は「カヽル大病人ノカヽル形成ヲ為セル事故ニ全ク怪物ノ所為ナリ」と思う。さらに大門は悪霊祓いの種々の修法を行うが、やはり効果はない。

そこで最後の手段として、「引目ノ神法」を行うことにした。大門は、儀礼に陪席している医師吉冨養貞を介して、憑依霊にこれを用いれば「即死スルコト必定ナリ」とその効果を告げたうえで、「然シ今一應ハ念ノ為メニ汝ガ心底ヲ聞カントスルナリ假令一命ハ終ハリテモ此家ノ一子ヲ殺ス意カハタ望ミノ事ヲ果サム為メカ」つまり「引目ノ神法」を受けて、取り憑いているこの家の息子市次郎とともに死ぬつもりなのか、それとも何かほかに望みがあるのかと問いただした。すると病人は威儀を正して、「御心中御疑惑ハ御尤事ナリトイヘドモ野干怪物ノ類ニアラズ」として、狐などの動物霊のような怪物の類ではないことを告げて、「某ハ元来加賀國ノ武士ニテ父ト共ニ此地ニ落来テ無念ノ事アリテ腹切割シ亡霊ナリ」と答えた。
この後、浦人数十人が見守るなか、この地で自刃した経緯を中心に、約八十箇条に及ぶ問答が繰り広げられる。

問答の焦点

大門は問答の焦点を考えるうえで重要なことを、『一ノ巻』の初めに述べている。

目ノ能ク物ヲ見耳ノ能ク聞ク是怪ニアラズヤ然レドモ世ニ怪ナルベキ怪トマタ怪中ノ怪アリ真実ノ怪事アレバ虚偽ノ怪アリ虚偽ハ野干ノ類ノ物ノマネヲシテナスアリ此虚実ハ何ノ上ニモ有ルコトナレバ能セズシテハ虚ニ迷フモアル事ナリ余ハ狐ヲ落トスコトモ数度ニ及べリ能ク其修法ヲナシテ知レリ是ヨリ後ニハ品々修スレドモ其例ノ法ニ乗ラザレバ能ク能ク例シ定メテ七八十箇条ヲ以ツテ例シタルコトハ此ノ次々ニ記スヲ見テ知ルベシ

大門が述べるには、世の中には、疑わしい怪異と本当の怪異があり、またその本当の怪異の中にも、「真実の怪」と「虚偽の怪」がある。そして、「虚偽の怪」とは「野干ノ類」、つまり狐などの動物霊が「真実の怪」を真似たものである。だから、虚偽の怪に騙される場合もある。しかし、大門自身、何度も狐憑きを落とした経験があり、さまざまな「修法」、つまり憑きもの落としの方法を試したが効果がなかったので、七、八十箇条に及ぶ「問答」によって慎重に確認したところ、この事件が「真実の怪」であると認められたというのである。

では、「真実の怪」とは何か。大門にとってそれは、人間の「死霊」である。大門は、本当の怪異を前提として、そこに動物霊による「虚偽の怪」と、人間の死霊による「真実の怪」との間に区別＝差異を持ち込み、人間の死霊のみを真実として救い出そうとする。

この区別を持ち込んだことが、悪霊祓いの儀礼の展開を大きく左右することになるのである。

2　憑依霊との問答

「問答」の幕開け

憑依霊は、「加賀国の武士の亡霊」であると述べた後、父を追ってこの地までやって来たが、父は自分を残して船に乗り、肥前唐津に行ってしまい、もはや成すすべもなく切腹したことを告げた。ここまでは、ほぼ伝説の通りである。しかし、憑依霊によれば、当時、この地には人家も無く、死骸はそのまま浜辺に埋まり、誰にも知られることなく、数百年の間、無念の時を過ごしたという。テキストAで描かれている村人が武士に声をかける場面とは食い違っている。

さて、そこで大門は「其方何ナレバ當家ノミニ限リテ如此長ク祟リヲ為ス事ゾマタ他家ニモ祟リタルコトノ有リシヤ」と問うた。憑依霊の答えから、他家にも病人を出したこと、また四年前、当家の祖父が突然、大病になったのも、このたび、市次郎が瘧になったのも、その他、「當家ニ是迄泣ナラヌ事ノ折々アリシハ吾ガ霊気ノ彼埋リシ地ヨリ来通ヒテナセシナリ」と自分の霊気の仕業であること、そして今回の発病の直接の原因は市次郎がそうとは知らずに「我ガ骨ノ上ヲ踏ミシ」ことにあると明らかにした。それに対して、大門が「何ノ為メニ左様ナル無法ヲナシテ多ク人ヲ悩マシムルゾ」と問うた。すると憑依霊は「一ツノ願望有リ其事ヲ果サン為ナリ」という。この答えに対して、いよいよ「問答」が本格的に展開されることになる。

大門は、「其願望トハ何事ナルカマタ死シタル年ハ何歳ナリシカマタ姓名ハ何ト云ヒシゾ」と、憑依霊が求める願望とは何か、何歳で死んだか、そして姓名は何かと、次々に問いを投げかけた。すると憑依霊が答えるには、石碑を建立してほしいこと、そうすれば、すぐにこの家から退去して、石碑の下に鎮まりたいと述べ、さらに二十二歳の時に死んだこと、命日は七月四日であることを明かした。しかし、姓名を明かすことについては、「姓名ノ一義ニ至リテハ何分ニモ今更世ニ白地ニ明シガタシ」として拒否する。そこで、大門と憑依霊との「問答」は、憑依霊の「姓名」をめぐって繰り広げられることになる。

大門は、「姓名ヲ明ニ名乗ラズシテハ右ノ願ノ一義ハ平安ニ受合ヒ難シ姓モ名モ無キ者ニ敢テ其事ヲ為ス道ナシ姓名申サザレバ決シテ其願受合ガタシ」と、姓名を名乗らず、姓も名もない者に対して、その願いを受け入れる道理はないと言う。それに対して、「夫レ武士タル身ハ竊ニ故アリテ國ヲ退キテハ實ノ姓名ハ深ク包ムガ法ナリ」と、武士がひそかに理由があって国を出た以上は、本当の姓名は隠すのが定めであると答え、次のように述べた。

姓名を名乗らなければ願いを受けないとはもっともであるが、それではこれまで人を悩ませ殺したことはみな無駄になる。石塔を請け合ってくれれば、すぐに立ち退き、病人も回復し、当家の祟りもやむ。

病人も回復すれば、私が世に明かし難い姓名を打ち明けなくてもよいのではないか。このようにていねいに尋ねてくれるのであるから、言ってよいことであれば、包み隠しはしない。なぜならそれは、「武士道ニハヅレバナリ」と。

このように、武士道の立場から、姓名を明かすことを憑依霊が拒否すると、それに対して大門は、「其段ノ申ス事ハ一應尤ナリサリナガラ其武士道ニハヅルヽト言ハヾ我マタ姓名ナキ者ニ石塔ノ一義ヲ受合テ造立スルコト是マタ神道ニハヅルヽナリ」と述べ、憑依霊が武士道の立場を主張するのに対して、大門は、神道の立場から姓名を明かすことを要求する。

これに対して、憑依霊は次のように述べる。姓名を明かさなければ願いは叶わない。だからといって、名を偽ることは簡単だが、それも本意ではない。しかし、実名を明らかにするのは道理でないばかりか、いまさら主君に仕えた姓名を私願のために明かさなければならない身は我ながら口惜しい。しかし、明かさなければ願いはかなわず、かなわなければ、これまで人を悩ましたことは無駄に終わる。

苦しい自問自答を繰り返し、再び、切腹してからの数百年間、いかに無念に過ごし願いをかなえるために祖父の大病や今回の市次郎の瘧などの祟りを起こしたかについて述べた後、「今吾ガ姓名ヲ明カサズシテハ其事叶ハズ然シテハマタ人ヲ悩マシムル事ナルベシ人トシテ人ヲ悩マシムルハ偖々拙キ身ナリ」としばらく涙を浮かべてうつむいていたが、紙と硯を借り受けて静かに墨をすり「泉熊太郎」と記した。

大門はこの時の心情を注で次のように記している。

野干抔ノ武士ノ幽霊ノ偽ヲセバカクハ請メズトモ我ハ何國ノ何ト云フ武士ナリ抔ト云可キ事ナリ然ルニ余ト吉冨トノ請メ方ノ強カリシナレバコソ彼ノ姓名ハ明シタリ凡士ハ腹狭クシテ怪ハ悉ク不取然レド其怪ニ實アリ其實ヲ捨ツルハ凡愚ナリ

大門の考えはこうである。狐などが武士の真似をしていれば、これほど責めなくても、自分は何国の何という武士かすぐに答えるはずであるが、自分と吉富（介添えの医師）が厳しく責めたので、ようやく姓名を明かした。一般に知識人は懐が狭く怪異はすべて受け入れない。しかし、この怪異には実がある。実を捨てるのは愚かである。

大門は、この時点で憑依霊が動物霊ではなく人の死霊であると内心確信する。ここが「問答」のいわば山場であったといえるだろう。

問答の変容

さて、憑依霊が、「泉熊太郎」という姓名を紙に書いて明らかにした後、さらに大門は、武士であればもっと文字を知っているはずであるとして、国主の石高や家老の名、あるいは郡名や村名を書くように要求する。これに対して、憑依霊は、再び武士道の立場を主張し、私願のために姓名を明かすことは祖先と主君に対して無法であるが、私願を遂げなければ、世の人を悩ますことも、自分の苦しみも止まらないので姓名を記したとして、憑依霊は次のように述べる。

カク彼方ノ問ノ茂キハ心中ニ御疑惑ノ有レバナリ尤ノ事ナリ天地ノ長間ハカヽル事ハ有ルモノナリ人而巳ニアラズ山川ニ住ム物マタ大木大石ノ無情ダニ時有リテ人ヲ悩マスナリ御許ノ疑ノ解ケザル限リハ我ガ願ハ成就致シガタキ事ハ勿論ナリ然ラバ問ヒ給ヘ其國主ニカヽハラヌ事ハ何事ニテモ答フベシ

つまり、このように質問をするのは大門が自分を疑っているからであり、疑いが解けない限り、願いはかなわないから、主君に関係しないことであれば何でも答えよう、と憑依霊は述べる。大門は再び郡名を尋ねたが、答えたところで地名を知らなければ仕方がないと憑依霊は拒否する。そこで命日の年号を問うが、憑依霊は年号を明かすと主君や父のことが明らかになると再び拒否する。そこで、大門は強い口調で、「國主ノ名及年号マタ國内ノ事兎ト曰ヒ角云テ記サザルコトコソ不審ナレ是非ニ記サシメン是非是非書クベシ」と述べた。すると、憑依霊が乗り移った市次郎の気色は打って変わって恐ろしい目つきになり、威厳を正して声高に

我ガ義ヲ失ヒ道理ヲ無クスル事ヲ書ケヨ記セヨト申サル上ハイカニカセン武士タル身ノ書クマジキヲ書キテ聊カノ私願ヲ達センヨリハ義ヲ全クシテ其隠シ包ム可キ事ヲ包ミテ右ノ弓矢ノ御法ニカカリテ烟トナラバナルベシイザ御弓矢ノ神法ヲ御行事有ルベシ

と述べた。義や道理を失ってまで私願を遂げるぐらいなら、義を重んじて弓矢の法によって烟となって

消えるほうがましであると言い切ったのである。その場にいた四十数人の人々のうちに、憑依霊の言葉が、「筋立テ義アリテ其才ノ敏サ中々ニ凡ナラヌ」と思わない者はなかった。この言葉に大門は感心し、霊の主張を認めてしまうのである。

武士タルモノノ大儀ヲ失イテ私願ヲ遂ゲンヨリハ義ヲ全クシテ弓矢ノ神法ニモカヽリテムトハ武士タル者ノ言葉トモ思ハルヽ故ニサル忠言義心ヲ徒ニ捨テルモマタ我ガ本意ナラズ然レバ武士ノ幽魂ナリトハ知ルル問其幽魂ノ道理ノ程ヲ数ヶ条一々問フベシイザ答ヘ有ベシ

問答はここで一つの段階を終える。つまり、憑依霊が武士の死霊であることを一応認め、問答は新たな展開を遂げることになる。「真実の怪」、つまり武士の死霊であるかどうかを問う点は、基本的に変わらないが、問いの内容は死霊であれば知悉している死後の霊のあり方、つまり人間の死後の世界についての問いへ変化するのである。そして、この問いに対して、論理的かつ明確に答えることが、真実の怪である人間の死霊の証拠とされるのである。

だが、この問いの変化は決定的である。人間の死後のあり方が問題である以上、憑依霊の返答の内容の「真偽」は検証不可能となる。その結果、この後の問答は、実質的には人の死後のあり方についての憑依霊からの聞き書きになってしまうのである。

その後も大門や周囲の人々のさまざまな問いに、霊は理路整然と返答していく。問答の過程で、この憑依霊が清浄な高い山を望むことを好むとわかったので、大門は憑依霊に「高峰大神」と諡《おくりな》を与えた。

写真5-a　花掛神社
福岡県志摩町岐志　2009年2月17日筆者撮影

写真5-b　自殺した異人を祀る石碑　同上

憑依霊はこれに深く感謝した。そして、土地を見つけてお上の許可が下りるまで三年はかかるという条件つきで、石碑の建立も請け合い、最後に大門が御剣行事を行って、ようやく憑依霊は市次郎の身体を離れた。この時すでに八月二十五日の朝であった。

問答の終結

その後、市次郎は回復に向かっていたが、九月十一日に岐志の浦で起きた火事を契機に、激しい頭痛に襲われた。翌十二日に大門が呼ばれ、修法を行ったところ、再び霊が憑依し、再度、問答になった。その結果、神霊となった以上、一刻も早く清浄な場所に移してほしいという旨を霊が述べた。そこで花掛神社の神官山本三河を呼んで相談し、憑依霊にひとまず清浄な白木の箱に移るように提案し、霊も承諾した。そこで大工に御霊箱を造らせて、霊遷しの修法を行った。その後、再び霊が憑依することはなく、市次郎もすっかり回復した。

翌年一八四〇（天保一一）年六月、岐志の浦の花掛神社の裏手に、霊の要求通り石碑が建立され、御霊箱も収められた。石碑には命日である「七月四日」の文字が刻まれ、その後毎年祭祀が行われている（写真5－a，写真5－b）。

3　方法の検討

物語発生論からの比較

問答の結果、憑依霊は元加賀国の若い武士であり、国を離れて流浪する父を尋ねて苦難の旅を続けて数年の後、ようやくこの岐志の浦で父に会えたものの、激しく拒絶され無念のあまりその場で切腹して果てたことが明らかとなる。父の出奔から霊の自殺までの経緯が、憑きもの事件とは独立して伝説化され、それを起源説話として高峰大神を祀る強固な祭祀集団（O家、浦人、宮崎家の神官らの子孫）が現在も当地に存続している。

この異人自殺伝説の事例を、従来の託宣や憑依による物語の発生論のモデルと比較してみる。まず、「異人殺し」伝説の理念モデルでは、①物語が儀礼の場において託宣によって発生し、②現実に起きた不幸な事件と結びつき因果論的に物語が再編され、③その結果、物語は特定の土地に付着することで「伝説」となる。つまり、当事者たちにとっての「歴史的事実」として定着し、異人の死霊の祭祀がなされる。このモデルでは、発生した物語は起源説話としては不徹底ながらもそれが祭祀集団を構成する（小松［1985］1995）。

一方、「悪霊憑き」物語のモデルでは、①儀礼の場で憑依霊の語りが発生する、②その語りは現実の不幸な事件から離れて憑依霊自身の物語となり、③その結果、特定の土地と無関係となる。このモデルでは、物語の自立性が高く、それだけでは祭祀集団を構成することはできない（小松［1989］1997）。

これらに対して、異人自殺伝説の事例は、①儀礼の場で憑依霊の語りが発生し、②現実の不幸な事件とは独立して、憑依霊自身の物語となるが、③特定の土地に付着し、祭祀をともなっている。

この事例は、憑依霊自身についての物語、すなわち「異人自殺」伝説が現実の不幸な事件から独立した物語であるにもかかわらず、特定の土地に結びつき新たに祭祀集団を編成した点で、先の二つのモデルと微妙なねじれがあることがわかる。

憑きもの落としの儀礼

このような違いが生じた原因を考えるうえで、手掛かりとなるのが、この宮崎大門の悪霊祓いの事例が、通常の憑きもの落としの儀礼とは、微妙に異なる点である。

通常、憑きもの落としにおいて、ここで「虚偽の怪」とされた狐などの動物霊が憑依したような場合に、しばしば用いられたのが、先ほど登場した「引目ノ神法」である。

たとえば、長谷部八朗は、神道の憑きもの落としについて、興味深い報告をしている。この報告は、現在の埼玉県秩父地方のK神社の神官が、K神社伝来の「蟇目の法（筆者注：引目ノ神法）」関係の資料を参考にして、自ら実践と工夫を重ねて再構成したという。この報告をもとに憑きもの落としのプロセスを整理すると、次のようになる（長谷部 1992）。

①病気の原因を判断し、憑きものか否かを見極める。②憑きものであれば、霊（狐などの動物霊）を特定する。ここまでは問答の過程で明らかになる場合が多い。③退散するように説得し、それに応じなければ、「蟇目の法」や「太刀の技」によって威嚇する。④憑きものが退散を認めると、一転して態度

を軟化させ、どこまで送るとか、土産物は何が欲しいかなどと尋ねる。⑤最後に、三叉路や四つ辻など憑きものが要求する場所に送り返すか、竹筒などに封じ込める。ここに見られる憑きもの落としのプロセスは、大門の修法とほぼ重なる。

この報告のように、通常は、「問答」を通じて、祓い落とす側である悪霊祓い師によって、病気の原因が、狐などの動物霊の仕業であることを特定され、その後は、定められた方法によって処理される。悪霊祓い師は、憑きもの落としを目的とした装置と化しており、憑きものを認知し、排除する（祓う）。つまり、悪霊祓い師は、村落共同体の習俗の秩序に埋め込まれた装置にすぎず、それ以外の裁量を理論上は認められていない。

対話的テキスト

通常、憑依霊との「問答」は、憑きもの落としの儀礼のように、共同体の習俗の秩序に組み込まれているが、それが「対話」という形式をとると、その秩序の枠内で機能しつつも、それを乗り越えるような、逸脱とも思われる結果を招く場合があることを、この事例は示していると思われるのである。

ところで、イタリアの歴史家カルロ・ギンズブルグは、異端裁判記録の性格について、人類学者の民族誌テキストとのアナロジーによりながら、「対話的なテキスト」と呼ぶ。そして、異端裁判記録のような「対話的なテキスト」も、当然のことながら、裁判官と被告という権力関係を前提に記録されたものであり、形式的には対話でも、内容は、ほとんど裁判官の問いを復唱する独白になっている。しかし、例外的に「正真正銘の対話」が生まれる場合があるとギンズブルグは言う（Ginzburg 1989=1991: 30–

31）。それは「対話」という形式が本来抱えている不確定性に、より肯定的に表現するならば、その創造性に由来するといえるだろう。

しかし、ギンズブルグが「正真正銘の対話」と呼ぶような、通常の手続きでは起こりえない「対話」が実現する条件はあくまで「例外的」であると、ギンズブルグ自身が述べている点に注意したい。それは、「もっとも、当然のことながら、これらの記録文書は中立的なものではない。それらがわたしたちに提供している情報はとても『客観的』なものどころではない。それらはあるひとつの特殊な関係、それも根底において不平等な関係の産物として読まれる必要がある」（Ginzburg 1989=1991: 31）と繰り返し注意を促すことにも示されている。

つまりギンズブルグは、不平等な力関係に規定されながらも、「対話」という形式が抱える不確定性に身を委ねて、思いもかけない方向へ対話を展開させる特別な能力を備えた「被告」が登場するような、例外的なケースにのみ、「正真正銘の対話」が生まれると考えているのである。

ところが、この大門による悪霊祓いの儀礼の事例に話を戻せば、「問答」という形式もまた、習俗の秩序の枠に収まりきれない出来事を誘発する可能性を本来的に抱えているわけであるが、しかし、不平等な力関係を前提にしている以上、そうした可能性を引き出し、例外的な出来事を生じさせる主導権は、「被告」に相当する憑依霊の方ではなく、むしろ、悪霊祓い師である大門の側に委ねられていることがわかる。というのも、大門が、「虚偽の怪」と「真実の怪」という怪異に二つの区別を設けて、それに応じて、動物霊と人間の死霊とに二分した結果、憑きものを落とすという儀礼の目的が二重化されることになったからである。

大門は憑きもの落としにおける「問答」の過程で、落とすべき憑きものを見失いながら、憑依霊を人間の死霊として認め、それによって死霊が病人の身体から離れるという奇妙な屈折が生じているのである。ここには、悪霊祓い師である大門の側に、動物霊と人間の死霊とを注意深く弁別し、人間の死霊だけを救い出そうとする明確な意図が存在している。これは、通常の憑きもの落としにおいては、決して見られない特徴であるといえよう。

共犯関係

この問題を別のケースから考えてみよう。井上俊は、先の論文において、「周囲の他者の期待への同調」と「認知的秩序の物語的構成」を示す特徴的なエピソードを紹介したうえで、これらの両者が絡みあって、「特定の期待をもつ他者が物語の構成過程に直接介入する場合」があるという。「介入者との相互作用を通して、しかもしばしば何らかの誘導や圧力のもとで物語が形成されていく」ケースとして、「犯罪事件などをめぐる証言や自白」を挙げている。

この種の問題を扱った心理学者の浜田寿美男は、「たとえ拷問によって責められて虚偽自白に追いつめられた場合でさえ、単に『やった』ということを自認するのみならず、そのうえで犯行全体の筋書きを語らねばならないのであって、そこでは単に教えられたストーリーを反復するのではなく、自らを真犯人に擬して、取調官の納得する筋書を構成せねばならない。その筋書構成の過程は、単に取調官の押しつけではなく、少なからず自らの自発的な構成によらざるを得ないのである」と述べている（浜田 1988: 127–128）。また、井上は、「無実の被疑者が、尋問の場に働くさまざまな力学によって、『自分がやった』と認めてしまうこと」が意外に多く、そして「いったんそれを認めてしまうと、次には『どういうふうに』『なぜ』といったことについても説明せざるをえなくなり、尋問者を納得させるに足る物語を創造せざるを得なくなる」とも述べている（井上 1997: 37）。

ここでは、不平等な力関係を前提としている以上、被疑者による「自白」行為が、尋問者の期待を反復する点を確認しつつも、それだけで成り立つのではなく、被疑者が自ら進んで尋問者を納得させる物語を創造する点が指摘されている。つまり、不平等な力関係を前提として、優位な立場にあり特定の期待をもつ他者が、その期待に見合うように物語形成の方向づけを行うが、そうした他者の期待を反復するだけではなく、被疑者自らも物語の整合性を高めるために、微細な辻褄合わせを行う必要があり、今度はそうして形を成してくる物語によって、特定の他者の期待が増幅されていく。ここに見られるのは、物語の創作の背後に隠された無意識の「共犯関係」である。

ここで取り上げた大門による儀礼において、憑依霊が泉熊太郎と名乗り、遠く金沢を出てからこの岐志の浦で自殺するまでの経緯を語った内容、つまり、「異人自殺」伝説は、まさに、悪霊祓い師である大門と憑依霊との「共犯関係」が創り出した産物と位置づけることができるだろう。

しかし、「正真正銘の対話」が実現した異端裁判においても、被告は最終的に異端として処刑されたように、尋問者や裁判官の役割はあらかじめ構造的に決定されている点に注意しなければならない。この点において、通常の憑きもの落としの事例と同様、異端裁判はその社会の秩序に埋め込まれた装置として揺らぐことはないのである。

ところが、大門による悪霊祓いの事例では、大門の優位を前提としている点で異端裁判や尋問と同様の構造でありながら、憑依霊は人間の死霊として認知され、さらに神として祀られる。これは、異端裁判でいえば、異端が正統として認められたことを意味する。大門は習俗の秩序に依拠して悪霊祓いを行いながら、しかし、完全にその秩序に組み込まれた装置と化すことなく、自らの明確な意図をもって、動物霊と人間の死霊とを注意深く弁別し、人間の死霊のみを救い出すという二重の目的を遂行する。このことは大門が「両義的な視点」の担い手であることを意味している。

ここでもう一度、大門が『幽顕問答鈔』の執筆の意図を、「偖テ人霊魂ノ人体ニ宿リシ事ハ唐土ニモ品々有リ其ノ由ハ師ノ翁ガ著セル鬼神新論ト云フ書ニ其證数々記サレタリ」、「見狭キ学者マタ偏屈ノ性質ノ人ハ世ニ怪異ハ無キ事ト定メタルニコソ笑シケレ」と述べていたことを思い出したい。

つまり、大門の「視点」は平田篤胤の国学思想を背景としている。この特異な「対話的テキスト」と、その産物である「異人自殺」伝説は、江戸後期における平田篤胤の国学思想の成立と、そこで主題化された死後の霊魂の行方に対する関心を背景として生み出されたのである。

とするならば、異人自殺伝説の意味を捉えるためには、既存の村落共同体論のように、異人の自殺を習俗の秩序に還元するだけでは、不充分である。つまり、このテキストが生み出されたより広い社会性の場、すなわち江戸後期の言説空間を考慮しなければならないだろう。

4　思想史的文脈

他者像の構成

日本の近代化は「神話的・民俗的異人観の解体・革新という作業を含んでいたが、その一方で、国家的レベルでの新たな（やはり神話的・民俗的といってもいいものであるが、そうとは気づかない）異人観＝コスモロジーを作り出して、近代国家という共同体を編成し強固にしていった」とされる（小松1995: 196）。こうした異人観＝他者像の転換の背後には、江戸期における貨幣経済の浸透による村落共同体の秩序変容が考えられる。

前章で検討したように、「異人殺し」伝説には、この点が色濃く反映されている。この伝説が興味深いのは、村人が村落共同体の外部の存在である「貨幣」に価値を認めている点である。この点で村人と異人は同一性を帯びながら、同時に、村人にとって異人とは貨幣を媒介としてお互いの所有物を交換可能な「他者」であることを意味する。しかしこの他者は、村落共同体が既存の秩序の混乱を回収する際に、異人の「死霊」というかたちで呼び出されている。つまり、村落共同体は、「死霊」を媒介として「他者」を表象していたのである。

一方、貨幣経済の浸透にともなう「貧困」の認識や身分制の動揺への反応から、江戸の知識人の思想においても、新たな他者の表象が試みられる。たとえば、本田利明の蘭学、会沢正志斎の水戸学、平田篤胤や佐藤信淵の国学など、西欧崇拝や蔑視、あるいは植民地主義的なものまで、肯定的あるいは否定的なものも含めて、さまざまな他者の表象が登場する(3)。こうした試みを、社会学者の荻野昌弘に従って、「他者像の構成」と呼ぼう（荻野 1998）。

これら江戸期に構成された他者像が、その後の明治以降の学知による他者像に基本的に連続しているのに対して、例外的な位置を占めるのが平田篤胤の思想である。

平田篤胤の思想の特徴は、「あの世」に異常なまでの関心を示し、それらに関する知識を熱心に収集した点にある。それとともに篤胤は、鬼神の実有を証明する意図をもって幾多の書物を著した。神隠しにあったという少年寅吉の話を平田篤胤が聞き書きした『仙境異聞』も、「結果的に世界に関する知識を構成することにつながっている点」において、他者像を構成する試みと考えられる（荻野 1998: 88）。

あの世に関する知識の収集も他者像の構成と捉えると、とくに、江戸末期の一時期に平田派の国学者たちが各地で類書を集中的に著したことを考慮するならば、その後に登場する近代国家の他者像とはどのような関係にあるのか、また彼らが構成した他者像はどのような意味をもつのかを考える必要がある(4)。

あの世への関心

平田篤胤の思想の特徴は、あの世への関心に求めることができる。そして執拗にあの世に関する知識を収集し、あの世や死者の霊、神の実有について思弁的に証明しようとした。しかし、これは当時の思想においては奇異なことであった。なぜなら、鬼神の有無について云々する議論、いわゆる「鬼神論」は、儒家によって担われていたからである。

特権的な知の担い手であった儒家は、その合理的思惟でもって、鬼神を祭祀の対象にすると同時に鬼神の存在を理論的に位置づけるという困難な課題を抱えていた。たとえば、経世論的に民衆統治の機能から鬼神を位置づけたり、あるいは鬼神を抽象的な概念に置き換えて自然哲学的に説明を加えるなど、鬼神の存在の有無を文字通り論じることは注意深く避けていたのである。

また、本居宣長の流れを汲む国学においては、神の詮索は「さかしら」なことと諫められており、また中国の知識は「漢意」として排除されていた。たとえば、『鬼神新論』において、篤胤が儒家に成り代わり自ら中国の古典籍を駆使して鬼神の実有を説くことは、当時の儒家にとっても、本居門下の国学者にとっても、理解しがたいことであった（子安［1992］2002）。

篤胤は歯切れの悪い儒家の言説を逆手にとり、その背景にある実態としての鬼神信仰の存在を暴露しようとする。しかしこうした試みは、結果的にある同一性の概念の抽出を可能にすることになった。篤胤は『霊能真柱』において「抑人の死て、魂の行方の安定は、今も古も世に有とある人の、心にかかる事と見えて」と述べる。つまり、死は貴賤や貧富の差を越えて万人に共通する問題であると篤胤は認識していたのである。死を前にした平等の認識、死ねばともに魂となる人間概念の抽出を可能にしたのである（荻野 1998: 145）。

こうした観点からするならば、『鬼神新論』における一見奇妙な試みも、結果的に「外国人」としての中国人との間に「人」という共通のものさしを設定し、そのうえで他者像を構成（差異化）する試みであったと整理することができるだろう。

同様に、大門が持ち込んだ人の死霊と動物霊の区別の意味も明らかとなる。篤胤が死者の魂の存在を媒介として外国人との間に同一性としての「人」を設定したように、大門は霊的存在という同一性を設定したうえで、動物霊と人間の死霊と間に差異を持ち込む。そして人間の死霊のみを真実とし、動物霊を虚偽として退けることで、死霊を媒介として動物とは異なる「人」という概念を分節化しているのである。その後、この虚偽とされた動物霊による憑依は、近代医学の登場により、精神医学的対象へ囲い込まれていく(5)。一方、真実とされた人間の死霊は、「死者」の「記憶」という形式において、近代国家においても根強く存続するのである。

近代国家の他者像

ここには近代西欧をスタンダードとする二つの他者像が登場している。一つは、篤胤が構成した「外国人」「未開人」などの外なる他者像であり、もう一つは、大門が区別した「狐憑き」などの後に精神医学の対象となる内なる他者像である。これら二つの他者像の構成については、これまでに多くの研究が蓄積されてきた。しかし、この事例が示しているのは、これらの二つの他者像を可能にする条件としての「人」という同一性が、「あの世」の表象を経由することによって、「死霊」というかたちで分節化されていることである。

平田派の国学はあの世の表象という迂回路を経ながら、結果的に「人」という同一性の概念を析出し、近代国民国家の他者像の構成を可能にする条件を創出したことが明らかとなった。このことは、国学という知識人の思想の次元において、死者の記憶を喚起し、それを言説上に再構成することが、近代国家の他者像を構成するうえで重要な役割を果たしていたことを意味する。近代国家における他者像の構成が、その自己確立において不可欠な条件をなすならば、死者の記憶を積極的に利用することが、近代国家という新たな共同体の成立に必要な条件をなすのではないかという予測が可能となる。

このことは、ベネディクト・アンダーソンが「無名戦士の墓」を取り上げて、近代国家の想像力の根源に死者を見ている点とも関係している（Anderson［1983］1991=1997）。これを普遍的な真理とするだけではなく、むしろ、それぞれの近代国家における死者概念の析出過程やその性格の違いを、歴史社会学的、比較社会学的に検討しなければならない。ここで得られた結論も、あくまで日本の江戸期の事例に基づくものにすぎないのである(6)。

一方、両義的な視点の担い手である大門によって、二重化された目的が遂行された結果、岐志の浦という小さな浜辺の集落にもたらされたのは、地縁や血縁などの「縁」とは無関係の異人の死霊を神として祀る祭祀集団としての再編であった。そこに何らかの縁があるとすれば、共に死ねば霊魂となる「人」という縁にほかならない。「人」という縁に基づいて、「人」共同体ともいうべき祭祀集団に再編された集落は、災因論的に既存の秩序を繰り返しなぞるのではなく、新たな秩序への移行を成し遂げたと考えられる。

この点が、村落共同体論を近代化論へ開く手掛かりを提供している。つまり、この異人自殺伝説事例が示すように、村落共同体と同時により広い社会性の場（言説空間）の双方に根ざした両義的な視点の担い手（媒介者）の存在を対象化し、その独自の役割や創造性を積極的に捉えていくことである。

死者の記憶が近代国家の形成過程にどのように取り込まれていくのか。この点を注視することによって、習俗の秩序の再編成の過程を明らかにすることができると考えられる。

注

（1）このテキストおよび著者については、由比章祐（1991）、近藤典二（1993）、伊藤篤（1997）などを参照。各地に写本が残っており、福岡県立図書館、成城大学、神宮文庫などにも所蔵されている。宗教史研究者の宇野功一氏からの私信によって、宗教法人霊相道から教祖の宇佐美景道の翻刻で一九七四（昭和四九）年に刊行されていることを知った。また、浅野和三郎編（1968a; 1968b）や近藤千雄（1988）にも詳しい紹介がある。なお、本章で使用したテキストは、由比章祐氏所蔵の『幽顕問答鈔』（富永文書写し）を使用した。資料の便宜を図って下さった由比章祐先生、伊藤篤先生に感謝したい。

（2）江戸期における悪霊祓いに関する代表的な研究として高田衛（1994）が挙げられる。高田が検討しているのは、十七世紀末に出版された『死霊解脱物語聞書』である。僧侶の祐天上人の悪霊祓いにおける活躍を描くことで、彼の霊験を宣伝し、布教に役立てるための書物であったことを明らかにしている。注意したいのは、このテキストが同じく悪霊祓いを事例として取り上げながら、死霊の存在証明が主題化されていない点である。後に詳しく議論するように、人間の死霊の存在証明が主題化されるのは、儒家の合理的な立場からの鬼神論的言説を経て、その対抗的な言説としての国学の神言説の成立を待つことになる。

（3）江戸期における他者像の構成については、荻野昌弘（1998）およびドナルド・キーン（1952=1982）の先駆的著作を参照。

（4）柳田國男は『先祖の話』において「日本の学界で幽冥道の問題に注意し始めたのは、平田篤胤翁の頃からと言ってもよいほど新しいことであった」として、「幽界眞語という類の見聞録は数多く出て居て、多いが為に却って訝しい不一致が暴露」されていたと指摘している（柳田［1946］1969: 121–122）。

（5）川村邦光は、日本の狐憑きの例をあげて、「狐憑きは馴染み深いものから珍奇なものへ、治療可能から治療不能へと変わり、民俗治療から精神医学の領域へと住みかを変えて行く。こうして『狐憑き』はかつての狐憑きではなくなり、新たな次元の病気、つまり『精神病』のひとつである『憑依妄想』となる」と述べている（川村［1989］1997：9）。

（6）憑依霊との対話を記述することで「あの世」を表象し、「死霊」の実在を証明しようとした『幽顕問答鈔』は、近年の人類学批判に応答するかたちで登場してきた一種の「対話的民族誌」の試みに相当すると捉えることが可能である。これはたんなるアナロジーではなく、近代国家の形成過程において表裏一体なものとして構成された自己と他者の区分が揺らいでいる状況を背景にして、近年の民族誌記述の問題が提起されてきたように、平田派の国学による「あの世」の表象の試みは、近代的な自己と他者との区分が生成されつつある時代状況を背景としている。自己と他者の区分が主題となる時期に、同じく「対話的テキスト」の試みが出現しているのは、偶然ではないと考えられる。人類学における「対話的民族誌」については、太田好信（1998）、関本照夫（1988）、杉島敬志（1995）などを参照。

第6章　記憶の発掘——古墳伝説論

1　視線の転換

仁徳天皇陵

古墳と言えば、誰もが思い浮かべるのが、空から見たあの巨大古墳の全景だろう（写真6－a）。ある考古学者は「考古学や歴史学に直接たずさわってはおられない一般のかたへ「日本の代表的な古墳の名を一つあげて下さい」と質問すれば、「大阪府の堺市にある仁徳天皇陵です」という答えが返ってくる。相手が中学生や高校生であっても、老人や主婦であっても、その答えは大体同じである」と述べている（石部・宮川 1986: 234）。

たとえば、地元の観光パンフレット（堺観光コンベンション協会）には、「仁徳陵古墳は周囲二千七

写真6-a　仁徳天皇陵全景　大阪府堺市　1954年6月
毎日新聞社提供

百十八メートル、面積四百二十四、百二十四平方メートルの世界最大級の前方後円墳で千五百年の昔、堺に築造されました。エジプトのクフ王のピラミッド、中国の秦の始皇帝陵と並べられ、世界三大古墳の一つといわれています」という解説がされており、やはり周濠を備えたこの巨大古墳の全景を写した航空写真が掲載されている。この種の解説と航空写真からうかがい知れる巨大古墳の姿は誰もが一度は見覚えがあるのではなかろうか。

しかし、かつてはこのようなかたちでこの古墳の姿が見られることは決して当たり前のことではなかったのである。

考古学者の宮川徏によれば、敗戦後、米軍が撮影した「仁徳天皇陵」の航空写真が公開された時に大きなショックを受けたという。「前方後円墳は何と美しい形をしているのだろうか」という驚きであり、その理由は、旧参謀本部作成の地図に描かれた姿が「ぞろっと崩れたヒョウタンのような形をしていて、仁徳天皇陵はそんな形なんだと、思い込んでいたから」という。そして、もう一つは「天皇の『御陵』を空から見下ろした写真が撮られ、それを目の当たりにできる、という戦前では考えられなかったような『畏れ多いこと』が起こったから」と述べている（宮川 2000: 64）。

この貴重な体験が物語っているのは、戦後、この古墳に対する「視線の転換」が生じたことである。なぜなら、それ以前は皇室の祖先が眠る墓である陵墓は信仰の対象とされており、陵墓の崇敬は国民道徳でもあったからである(1)。

日本の近代考古学の創始者の一人、浜田青陵が一九二九年に刊行した『博物館』（後に『考古学入門』として再刊）の中の次の一節は、かつての仁徳天皇陵に対する視線がどのようなものであったかをよく示している。

> この応神、仁徳両天皇陵の御陵は、日本の御陵のなかでもいちばん大きいりっぱな前方後円の塚で、なかでも仁徳天皇の御陵の周囲は二キロ近くもあり、世界中にこのような大きな古墳は、エジプトのピラミッドをのぞいてはあまりないかと思われます。そしてこの御陵は三重の掘をめぐらし、その周囲には陪塚《ばいちょう》といって、臣下の人たちの墓がたくさんならんでおります。遠くから見ますと小山のようであり、近くに行きますと松の木が御陵のまわりに生え茂ってじつに神々しく、参拝者はだれでもその威厳に打たれるのであります（浜田 [1929] 1976: 131–132）。

この文章には、巨大古墳について現在でも流通している見解が述べられている。「応神天皇陵」と

「仁徳天皇陵」という二つの巨大古墳を日本の代表的な古墳として取り上げ、なかでも「仁徳天皇陵」の威容を、「エジプトのピラミッド」を引き合いに出し、それに比肩しうる世界的ものとして称賛するところなどは、現在でも繰り返し聞かれる語り口である。しかしその一方、今ではあまり馴染みのない説明も見える。とくに、「遠くから見ますと小山のようであり、近くに行きますと松の木が御陵のまわりに生え茂ってじつに神々しく、参拝者はだれでもその威厳に打たれるのであります」と書かれた最後の一文である。「神々しい」という表現や、「参拝者」などの存在を示す記述は、現在の歴史の教科書や解説本には見られない記述であろう。ここには信仰の対象としての「御陵」という位置づけが明確に記されている。

この文章のそばに浜田青陵自身の手による二つの挿絵が付けられている。説明には「大阪府堺市にある仁徳天皇陵百舌鳥《もず》耳原中陵　上は遠望、下は御拝所」とある。たしかに、一つは遠くから見えた二つ小山が連なった姿と、もう一つは、手前に広い参道があり、中央には鳥居を構え玉垣で囲まれた「御拝所」の様子が、スケッチ画で描かれている。

ここには、訪れる者がこの巨大古墳を見る場合に二つの見方があることが示されている。一つは、その全体の大きさをできるだけ一度に視野に収めるために、古墳の側面を遠く離れて見る方法であり、もう一つは、信仰の対象として参拝する場合の見方である。後者を、信仰する者の視点とすれば、前者は考古学的な視点と言ってもよいだろう。この二つの視点は、たんに古墳を見る場合の物理的な制約から生じたわけではない。古墳を意味づける文脈の違いが現れているのである。この二つの視点は現在においても、直接訪れた者がこの巨大古墳を見る場合の基本的な視点となっている。

このように、この巨大古墳には二つの見方が示されているが、これらは決して対等ではない。この文章からもわかるように、この古墳は考古学的な価値をもつ遺跡というよりも、信仰の対象である点に優先的な意味が認められているのである。もし、この古墳に「正面」があるとすれば、それは「御拝所」から見た姿ということになるだろう。少なくとも、この時代はそうであったのだ。

この航空写真の公開は、この古墳を含めた陵墓とされる古墳がその後、学術的な言説の主題として浮上してくることを暗示する象徴的な事件であった。

陵墓の二重化

これがはっきりと表面化するのが、一九六五（昭和四〇）年に出版された森浩一著『古墳の発掘』である(2)。森は「天皇陵というものが本当に大丈夫か、われわれが古墳研究において安心して使えるものかどうか」という疑問から、「この本のなかで、宮内庁が天皇や皇族の墓に指定している古墳をズラリと並べまして、そこへ、これは妥当なようであるが考古学的な決め手が欠くとか、ほとんど問題がないとか、あるいはほかにもっといい候補があるとか、丸とか三角のいろいろな印をつけたんです。これは世間に、かなりショックを与えたようです」と当時を回顧して述べている（森 2000: 9）。

つまり、陵墓は信仰の対象であると同時に、考古学的な研究の対象として、二つの異なる対応を受けることになった。さらに、これに応じて、同一の古墳に対して、二つの名称が使い分けられることになった。「仁徳天皇陵というような名称が考古学の遺跡名に使えるという原則なのか、それとも会津大塚山古墳とか、そういう人名の混じらない普通の遺跡名にするという原則なのか、考古学者がそれをはっきりしなければならない」ことになり、後者が選択されたわけである（森 2000: 15）。

なぜなら、人名は古墳の被葬者を指しており、文献史料から導き出された被葬者の没年と古墳の築造年代の混同こそが混乱の原因となっていたからである。当時、「前方後円墳の時代については確実な天皇陵はないといっていい」のであり、終末期においてさえ、妥当と考えられるのは「二つはいいかな」という程度であり、日本全国で「十五万基とか二十万基といわれる」古墳のなかで、ほぼ誰の墓かわかるのは、「全部で二十基ぐらい」にすぎなかったという（森 2000: 30）。それにもかかわらず、被葬者の没年を古墳の築造年代と見なして、さらにはそうして年代を断定された古墳を基準として、ほかの古墳を歴史的な変遷のなかに位置づけるという転倒した事態が生じていたのである。

その結果、考古学的な言説上においては、陵墓の名称たとえば「仁徳天皇陵」は名のみのノミナルな存在となり、それは実在しないか、あるいはそこ以外のどこかにあるかもしれない古墳を指す記号となる。ところが、それに代えて用いられた学術的な名称である「大山古墳」は、名称だけではなく、それが指す「物」である古墳をも含んだ意味を保持している。にもかかわらず、その「物」自体は現在も宮内庁の管轄下にある皇室用財産であり、皇室の祖先が眠る墓であって、文化庁の管轄下にある文化財とは明確に区別されている。それは陵墓を「生きている墓」と見なす宮内庁の見解によく示されている（今尾 1996: 42）。今度は研究者側が「名」しか所有していないということになる。ここには二重化された矛盾状況がある。

このような状況にあって、二〇〇八年九月、仁徳天皇陵がある百舌鳥古墳群と応神天皇陵を含む古市古墳群が、世界遺産の国内候補に選ばれたことは記憶に新しい。

すでに数年前から、陵墓公開の運動においては、世界文化遺産を利用するかたちで、外圧に弱い日本政府に対して「仁徳天皇陵を世界文化遺産に！」というスローガンも有効であるという主張がなされていたが（高木 1999: 32–35）、今回の世界遺産の国内候補に選ばれた事件は、まさに世界最大級の墳墓である仁徳天皇陵が、文化財なのかそれとも「生きている墓」なのか、あらためて決着をつけることを強く迫っているのである。

習俗の秩序／言説のシステム

そこで、この二重化された状況を解決するための方法が模索されてきた。研究者側が用いる基本的戦略は、陵墓とされている古墳の築造年代と被葬者とされる皇室の祖先の没年とのズレを主張することである。たとえば継体天皇陵（太田茶臼山古墳）とその妻とされる手白香《たしらか》皇后陵（西殿塚古墳）との考古学的な年代差を考慮すると、妻が夫より二百歳も年上になってしまうという質問に対し、宮内庁側では、それを「若干の違い」としたり（歴史読本編集部 1992: 175）、長年の間祭祀している間に霊魂の方から飛んでやってきているという意見も出てくる（森 2000: 24–25）。また、中世の城跡を天皇陵に治定している例もあり、この場合は墓ですらないので、霊魂の方でも間違えて飛んで来ようがないとする研究者側の皮肉にも似た反論もある（森 2000: 31–32）。

このように研究者側と宮内庁の立場は、まったくといっていいほど相反しているが、その違いを超えて共通しているのは、両者がともに、祖先祭祀それ自体は否定していない点である。このことは、考古学的に妥当な被葬者を祭祀すべきだと受け取れるような主張を研究者側が行うという一見奇妙な事態が起きていることに典型的に示されている(3)。

こうした事態が生じる原因は、被葬者の両義性に求められる。被葬者はたんに宮内庁側の誤った年代観を示す記号としての意味ばかりでなく、死者の霊魂、すなわち死霊を意味している。そして、研究者側もそれを受け入れたうえで議論をしているからである。そのため、陵墓公開をめぐる論争は祖先祭祀を自明の前提と見なす議論の場となり、結果的に祖先祭祀の自明性を確認し、強固にする場と化しているのである。

この二重化された状況が、信仰の対象に知的に対応することによって生じていると考えるならば近代以前の知識人の鬼神論的言説に遡り得るような広がりをもつ問題と捉えることもできる(子安[1992]2002)。事実、江戸期から明治期に実施された陵墓の治定には、多くの知識人が直接的あるいは間接的に関与していたのである。

だが、ここで注意しなければならないのは、江戸期の知識人が知的な対応をすることによって、習俗の秩序を解体・破棄するのではなく、むしろ結果的には人々と知識人の双方にとって新たな信仰の対象を創り出すことになった点である。つまり、特定の地域に根を張った習俗の秩序が、知識人を担い手とする反省的な言説のシステムとの接触・交渉によって再編成されていったのである。以下、この点を念頭におきつつ考察を始めたい。

2　空間の生産

二つの媒介機能

フランスの人類学者ルロワ・グーランは「埋葬は人類が今日の人種的諸形態に到達する瞬間をへだてること遠くない時期の発明であったろう」と述べる。彼によれば最後の「旧人」であるネアンデルタール人は埋葬を行っており、このことが、われわれ「新人」が誕生する前提条件の一つであったのである（Leroi-Gourhan 1964=1973: 118）。

埋葬という行為は人間が生物学的な個体の死を抽象的な観念として受けとめたことを意味する。人間は墓を造りそれを媒介とすることで、死者の世界を生者の世界に想像的に組み入れることを可能にしたのである。実際、埋葬することが人間とそれ以外の霊長類を分かつメルクマールであるように、人間は無数の墓を造り続けてきた。人類史とは墓を造ることであったといっても過言ではないであろう。

それゆえ、それら無数の墓は人類史を明らかにする貴重な情報源と見なされ、学術的価値を帯びた文化遺産として保存されることになる。墓は死者の世界を生者の世界に組み入れる媒介としての機能ばかりでなく、文化遺産として、過去を現在に組み入れる媒介として働くようになる。このように墓には二つの媒介機能が存在することになる。

これら二つの媒介機能が並存している例として、旧大名家の墓所や歴史上有名な人士の墓などがあげられる（佐藤 1995: 49）。しかし、必ずしもすべての墓が二つの媒介機能を備えているわけではない。

一つには、築造時に存在していた前者の媒介機能が現在に至るまで継続的に働いている可能性がきわめて少ないからである。つまり、墓の多くはその当初の機能を失い、その後の歴史において、多様な対応を受けることになる。もう一つには、墓は文化遺産化されることによって、それが放つ「死臭」を払拭され、いわば「消毒」されることによって、前者の媒介機能を次第に失い、後者の過去を現在に組み入れる媒介機能に一元化される傾向にあるからである。

時間的な流れからいえば、前者から後者の媒介機能を保持した墓への変遷が想定され、ほとんどの墓はその間のどこかに位置づけられるはずである。そして、時間の経過のなかで墓はいつしか古墳と見なされる。

では、古墳は築造された後、当初持っていた墓としての機能を失ってから、どのような対応を受けてきたのであろうか。この点について、柳田國男は、論文「民俗学上に於ける塚の位置」において、次のように述べている。

大和、河内あたりを旅行すればよく見られる。旅行しなくとも、二萬分の一の地図を見ればよく解る。あの邊には、古墳の上に住んで居る村がある。河内國北河内郡田村附近には二つも実例がある。村民は、古墳の中に住み、其周圍の濠を灌漑用水に利用して居る。南北朝以後になると、古墳に城を築き、その石材を防禦工事に用ゐたりして居る。天子の陵を城にした例もある。今日の思想から言へば、由々しい大事であるが、畿内の中央平野では、帝王の陵でさへも、田夫野人が、罪と知らずして之を犯して居る。之を見て感じた事であるが、古墳を重要なものと視て、之に注意を拂ふ考古学者の一派に、古墳が築かれてから今日に至る迄の、民俗上の変化を無視した研究の仕方をしているものがありはしないかと思ふ。

此種の研究の仕方は、民俗学の研究者から見ても、一つの学問上の障害である。考古学の発達にも有害である（柳田［1918］1963: 512）。

柳田國男によれば、大和や河内には古墳の上に住んでいる村があり、村人はその周囲の堀を灌漑用水に利用しており、南北朝以降は古墳に城を築き、その石材を防御工事に利用していたという。たとえば、かつて河内大塚山古墳（大塚陵墓参考地）の前方部には東大塚山村、西大塚山村が存在し、南北朝時代には丹下氏によって城が築造され、後円部墳頂には天神社が祀られていた（外池 2000: 76–78）。また、柳本行灯山古墳（崇神天皇陵）の周濠は農業用水の確保のために利用されたとされ（外池 2000: 94）、近世の山城である高取城の石垣には、数基の切石古墳の石室の石材が使われたという（河上 1996: 194–196）。さらに、横穴式石室を有する古墳の石室部が中世に墓として再利用された烏土塚古墳など数例の報告もあれば（土井 1992）、柏木古墳のように江戸期に墓地が建てられ現在も利用されているものもある（芦屋市立美術博物館 1993: 16）。

このように古墳は当初の媒介機能を剥奪され、別の姿に変貌したのである。これは、墓や墓地として再利用された場合も変わりはない。なぜなら、この場合も死者の世界を生者の世界に組み入れる媒介機能が働くことになるが、古墳に埋葬された死者が再び祀られるようになったわけではなく、またそのように考えられたわけでもないからである。この点は、しばしば見られるように古墳が神社などとして利用される場合も同様である。ただ、当初とは別の存在として、その機能を果たしているのである。しかし、それらのなかには、何らかの出来事を契機として、かつて死者を埋葬した墓、すなわち古墳であると認識されて再び祭祀されるようになったものもあるはずである。つまり、一度失われた媒介機能が蘇生する場合もあったと思われる。

媒介機能の蘇生

清野謙次は、『日本考古学・人類学史　下巻』において、「古墳と迷信」という章を設けて、その冒頭で次のように述べている。

> 陵墓は日本人の信仰の対象であつて、神社の所在地は屢々陵墓の所在地である。同時に又迷信、口碑、傳説は種々の形式に於て古墳墓にかたみ附く。……かくの如き次第であるから、日本人の精神生活と古墳墓との関係を探究する場合には、其處に廣大なる研究範圍があり、數多の文獻がある。そして之は同時に又民俗学上の問題であり、民俗学史の興味豊かな部分でもある（清野 1955: 238）。

清野はこの文章に続けて、「一例を擧げると『攝陽郡談』（岡田徯志編、元禄一四年成）の第九巻の塚の部また『名所都鳥』巻六には古墳にからまる幾多の口碑傳説が集めてあるし、其他地誌名所圖会から此種の記事を拾ひ出せば、甚だ多くの資料を獲る事ができる」と述べている（清野 1955: 238）。

ここには、陵墓が日本人の信仰の対象であること、そして、それと同時に古墳が「迷信、口碑、傳説」が付着した民俗学の対象であることが指摘されている。陵墓と古墳に対して、それぞれ二つの文脈が存在することが指摘されていると同時に、陵墓とされる古墳には同時にこれら二つの文脈が並存することも意味している。

古墳の祟り

清野の指摘通り、江戸期の名所図会や地誌を調べると興味深い記事を見つけることができる。とくに、一度失われた媒介機能が蘇生する場合について、多くの事例を見出すことができる。それは、大きく分けて二つの場合がある。その一つが「祟り」を契機とする場合である。

たとえば、青柳種信『筑前続風土記拾遺』には福岡県玄海町の古墳について、次のようなエピソードが記録されている(4)。

真塚という塚が人家の裏の高いところにあり、その上には小祠があった。宝暦六年この屋敷に村長になった者が住んでいたが、家を広くしようとするのに土地が狭くてどうしようもなかった。そこで裏の塚を除こうとして掘り起こすと石棺があった。開いて見るとなかには腐った刀と鏡が三面あった。このとき急に村長は病を得て死んでしまった。それから何日もしないうちに家の者がことごとく急病を得て、ついにその家は滅んでしまった。ただ、八歳になる村長の孫ひとりだけが災難を逃れて生き残ったという。これより後、祟りを恐れて小祠を営んで祀っているという。

以上がおよその内容である。この話では、自分の家を広くするために家の裏にある塚を除こうとして、それが原因で祟りを受け、孫一人を除いて家族がすべて死に絶えるという恐ろしい結末を迎えている。

このように塚を暴いた結果、祟りにあったというエピソードは多い。『新編常陸国誌』巻八に見える鹿島郡鹿島町の爪木古墳の事例では、農夫がこの塚を暴いて腐った刀剣を得て、まもなくして、疫病のために病死したという。そのため人々は恐れて、刀剣を納めて塚を元通りに直したとされる。また、『甲斐国誌』巻之五十四の古蹟部に見える都留市の陵と呼ばれる古墳の例では、安永年間に僧が古墳を田畑にしようとして、霊魂の祟りなのか、たちまちにして死んでしまったとある。

しかし、宅地や農地の造成など、私的な利益を求めたのではなく、塚を破壊し、墓を暴いたケースもある。たとえば、次に紹介する中川信名著『新編常陸国誌』に見える白旗塚についての記録では、「夢告」を契機として、墓暴きが行われているのである。


文化一三年十月にこの塚のそばに家のある八太夫という農夫の夢に、人が現れて告げて、「この塚には数々の財宝が埋まっているので、お前が掘って取りなさい」という同じ夢を三日続けて見た。そこで数多くの人夫を雇って、この塚を掘ったところ、石箱が出てきた。蓋を開いてみると、なかには太刀などの腐った物品があった。八太夫がその太刀を手に取ると、たちまち眩惑して倒れたので、人々は恐れてもとの通り埋めなおしたが、それ以降八太夫は放心して狂い、八太夫の家族はことごとく病気になって死んだという。また、これ以降、疫病が流行し、多くの者が死んだとされる。

記録には続けて、「八太夫素ヨリ窮迫ノ者ニアラズ。夢ニ託シテ古塚ヲ発シ、忽ニ其罰ヲ受ク」とある。生活に困って墓暴きをしたわけではなく、夢のお告げに従っただけであるにもかかわらず、祟りにあってしまったのである。家族を全滅させただけでなく、疫病まで流行させるような激しい祟りの原因を作った夢告の主は誰だったのだろうか。大いに気になるところであるが、詳しいことがわからないのが残念である。

これらの事例を見ると、古墳とかかわりをもつことは祟りに遭遇する危険性とつねに背中合わせになっていたことがわかる。自分の意思から出た行為でなくても、祟りは襲ってくるかもしれないのである。次の事例は、祟りの主が語り出すというショッキングな事件の記録である。

『防長風土注進案』に見える山口県山口市長野の大塚についてのエピソードは、およそ次のような内容である。

享保十年戊戌《ママ》年二月二九日に、わけがあって里民が大塚の土をおよそ六尺ばかり整地したところ、その下から高さ七尺、径二尺ばかりの石龕を掘り出した。なかには大人の頂骨歯牙がすべて備わった死骸があった。その霊魂がにわかに安富某の母に憑依して言うには、「私ははるか昔に当郡仁保津の城主であったが、八百年前の戦に敗れて、枯骨となってしまった。お前たち荒陵と思い違いをして、馬牛を放して私の塚上をけがさせるな」と言った。そこで里民は大いに恐れて、この塚に石龕を戻し、手厚く祀りを行うことを申し出て丁寧に許しを請うと、霊が憑依している老婆もうなずいたという。その後、石龕を埋めてその半分を地上に露出させて崇め祀ったとされる。

この事例では、古墳の主である死者の霊魂が、「憑依」という方法で直接人々に語り出している。古墳と知りながら、その土地に手を出した人々の驚きはどれほどのものだっただろうか。

ところで、この事例の興味深い点は、憑依によって、古墳の主が誰であり、なぜここに眠っているかが明らかにされている点である。人々がいままで知らなかった話がここで初めて語り出されているのである。

夢告の場合と同様に憑依もまた、人々にとって未知の物語を付与することで、普通では考えられない異常な出来事を意味づけ、彼らの社会的文化的コンテキストにおいて理解可能にするための重要な機能を果たしているのである。

このほかにも、江戸期の文献には、ほぼ同様の事例が多く見られる。それらは、宅地や田畑にするために古墳を除いた例や、偶然石棺を掘り起こしてしまった例、あるいは夢告に促されて発掘した例などであるが、その結果、いずれも祟りを受けている。副葬品目当ての盗掘や石材の獲得が原因で祟りを受けた場合もあるに違いない。もちろん、祟りを受けずに済んだ場合も多いはずである。

しかし、重要なのは、古墳に手を出せば祟りに遭遇してもおかしくはないと考えられていたことである。そして、このような古墳をめぐる信念が、結果的に、死や病、疫病の流行といった災厄を説明し、意味づける機能を果たしていたのである。これらの災厄は、実際には、古墳を掘ってから何年もあるいは何十年もたった後の出来事であったのかもしれない。あるいは災厄の原因を説明するために宗教者が語り出した架空の過去の出来事であったのかもしれない。そのいずれにしろ、人々は災厄の原因として古墳の祟りを持ち出す。それによって耐えがたい不幸な出来事をなんとか理解し、受け入れていたのである。

その結果、古墳は再び人々によって祀られ始める。その祭祀の対象の多くは名も知らぬ古墳の被葬者であった。なかには夢告や憑依、口寄せなどによって被葬者の名が明らかにされたものもあるだろう。あるいは、古墳それ自体に恐れをなした場合もあったに違いない。しかし、これを契機として、古墳は一度失った媒介機能を回復することになるのである。

江戸期知識人の記録

以上の記録が江戸期に書かれたことが示しているように、江戸期には古墳の祟りのような怪異のほか、過去や地理的に遠く隔てられた場所について人々の関心が集中していく時代であった。これら広い意味での「異」なるものへの関心は、当時盛んに出版された地誌、紀行文、名所図会などからも知ることができる。実学的な地誌、写実的な俯瞰図を特徴とする名所図会、そして観光ガイドブックとしての紀行文、これらがほぼ並行して江戸期の日本に登場する（矢守 1984）。

これら江戸期の記録の担い手の多くが、当時の知識人であった。古墳の祟りのような怪異も、記録に値する対象として、知識人の言説上に登場することになる。そこにはすでに、記録を挟んで呪術的な世界を生きる人々とそれを記録に値する珍奇な対象と見なす者との分離が始まっていることがわかる。その後に登場する人類学や民俗学の萌芽を見ることができる。

同様に、その後の考古学に継承されるような学術的な態度に基づく記録も散見される。たとえば、貝原益軒が編纂した地誌『筑前國続風土記』には、福岡市周船寺の丸隈山古墳についておよそ次のような内容が記録されている。

寛永六年四月一一日、村民の新蔵という者が、村の南道路の上にある丸隈山というところに石棺があると夢に見て、八月二一日より掘りかかり、二七日に掘り出した。石棺の長さ七尺、横五尺で、なかは隔てられており、石枕があった。髑髏が二つあり、一つは女の首のようで手に触れたときすぐに砕けてしまった。もう一つは大きな髑髏でいまなお存在する。棺のなかは朱が詰められており、また刀鏃などが腐って形だけが残っていた。鏡も三面あった。これら大きな髑髏と鏡などは新蔵の子孫の家にいまもある。石棺の外に石窟があり、長さ二間、横七尺、高さ六尺ばかりある。上は大石で覆っており、入口もまた石で塞がれている。発見の内容を聞いた前の国主忠之公が三間四方の堂をそこに建てて、髑髏を納めさせたという。

この記録はさすがに当時の一流の学者であった益軒の手によるものだけに、遺跡に対する詳細な報告といえよう。

この話では、先ほど紹介した白旗塚の事例と同様に、家を広げるなどの私的な目的ではなく、夢告に促されて塚を掘っている。しかしながら、結末は異なっており、祟りは起きていない。ところで、この話には、『妙正寺所蔵文書』という別の記録が残されている。この文書によれば、夢の中で観音が丸隈山に籠もっているので掘り出してほしいと告げたらしい(5)。夢告の主を観音とし、掘り出して欲しいと語らせることで、藩主をも動かすような大発見をより幻想的な奇跡譚へと創り上げているといえよう。

また、観音を持ち出すことで、「墓暴き」を正当化しているとも考えられる。

その後、丸隈山古墳は時を経て一九二八（昭和三）年に国史跡に指定される。この間の経緯について、現地の教育委員会の報告書によれば「この古墳は、後円部中央にあった横穴式石室が早く江戸時代の初め、地元住民によって発掘された。その後、石室内から採取されたとする小仏像が信仰の対象となり、石室内に堂宇を設けて永く地元民の祭るところとなった。一九二六年、堂宇の朽ちたのを契機に、地元周船寺は石室の復元修理を行うべく内務省に許可を求めて、一九二七～一九二八年にかけて工事を実施した」という（福岡市教育委員会 1986: 1）。

丸隈山古墳

さて、この事例では発掘を契機として仏像への信仰が開始しているが、古墳の被葬者や古墳そのものへの祭祀ではない点で先ほどの祟りの事例とは異なり、当初の媒介機能が回復しているわけではない。ここで重要なのは、この発掘が結果的にその後に文化財とされる契機となっている点である。いわば、文化財発見の前史ということができるだろう。

現在、丸隈山古墳は福岡市西部の住宅地にあり、頂上部に開いた石室が覗けるようになっている。そばにはあたかも石室を守護するかのように厳しい表情をした石仏が立っており、その横には何体かの仏像を納めた堂がある（写真6-b、6-c）。それらには花が供えられ宗教的な雰囲気で満たされている。国史跡に指定された文化財である一方で、ここが信仰の場であることを強く印象づけている。

このような信仰の場としての古墳の側面が、埋蔵文化財調査報告書で取り上げられることはほとんどない。しかし、ごく稀に「調査地の概況」などでわずかに触れられる場合がある。たとえば、福岡市西区の兜塚古墳の報告書には、「兜塚の由来と現況」として次のような記載がある。

「兜塚」の名称は貝原益軒の編になる『筑前國続風土記附録　巻四十一』中に記述がある。これによると、「マツヲヤマ（現字マツヲ）」に所在し、地元では「兜塚」と呼称しているが、その名称の由来は、本古墳の盗掘による出土品に因むものであることを示唆している。「寛文の年」に「骸骨・鎧の金具・鏡一面（径が五寸）」それに「金佛」を掘り出しているという伝聞が記されている。さらに、『風土記拾遺』には加えて「八幡塚」という呼称も見えるが、これは開口後の石室内で行なわれていた祭祀によるものとみえる。大戦前後迄は盛んに祭礼が行なわれていたと聞く。石室内に古墳の構築材を利用した祭壇が調査時点まで残されていた（福岡市教育委員会 1996: 3）。

この事例も、先ほどの丸隈山古墳のケースとよく似ているが、「盗掘」を契機として、そこで発見された盗掘品にちなんで、地元での名称「兜塚」がつけられたらしいこと、さらに第二次大戦前後まで古墳の祭祀が盛んになされていたことなどが記されており、興味深い報告といえるだろう。

しかし、このような地元住民にとっての古墳の信仰的側面が、埋蔵文化財報告書に記載されることは、やはり例外的なケースといえる。あくまで周辺的な情報としての扱いを受けているのである。

このことは、貝原益軒の記録に萌芽的に見られた考古学的な態度が、現在も確実に継承されていることをうかがわせる。ただ異なるのは、当時は、人類学、民俗学、考古学といった学問分野がはっきり分

写真6-b　丸隈山古墳の石室そばの石仏
福岡市西区　1998年11月1日筆者撮影

写真6-c　同上　仏堂

離独立していたわけでなく、逆に現在の観点からすれば、当時の知識人は複数の分野に携わっていたといえよう。したがって、古墳の祟りの事例のように、信仰の場としての古墳に焦点を合わせた記録も同時になされたのである。

だが、ここで江戸期の知識人が客観的な態度であるがままに記録していたと考えるのは早計である。彼らは自らが居住する地域ばかりでなく、よく旅をし、そして各地の風物を記録した。その多くは古歌で名の知れた名所であり、旧跡であった。また、彼らはその豊富な古典籍に関する知識を動員して、すでに失われた旧跡を探索したりした。また、考証にあたっては現地での聞き取り調査も厭わなかった。その結果、旧跡として日の目を見たものもあれば、なかには意図せずして誤解の結果創り出されたものもあった。

このように、江戸期には、既存の空間を脱文脈化し、文字や絵画といった記述上において再文脈化するプロセスが進行する。そしてさらに重要なのは、彼らによって書かれた地誌や紀行文、あるいは名所図会を導きとして、多くの人々が旅に出たことである。記述上に再現された空間を、再び経験的な次元で捉え直すプロセスが同時に進行するのである。たとえば、江戸期に爆発的な流行を見た「おかげまいり」などはその好例といえる（藤谷 1968）。

こうした空間の再編成のプロセスを、アンリ・ルフェーヴルにならって「空間の生産」と呼ぶことが可能であろう（Lefebvre 1974=2000）。

3　歴史の表象

陵墓の治定

このように江戸期において空間の生産が進行するなかで、すでにその所在が忘れられていた皇室の祖先の墓である陵墓の考証を目的とした一群の知識人が、各地で活躍し始める。こうした活動が組織的かつ大規模に実施されたのが、幕府による陵墓の治定および修陵であった。幕末期の文久の修陵のほか、江戸期を通じて数度にわたり実施された結果、ほぼ陵墓の治定は終了し、明治初期には現在に至る原型が確立する(6)。

だが、多くの知識人や幕府の担当者による熱意に満ちた探索にもかかわらず、先に触れたように、考古学的な対象となる古墳に限って現在の学術水準から判断すれば、陵墓の治定の結果はそのほとんどが誤りなのである。

しかし、ここで重要なのは、彼らが古典籍の知識と現地の聞き取り調査で得た情報を擦り合わせながら、彼らにとっても現地の人々にとっても、ともに、信仰の対象としての意味を帯びた陵墓を創り出したことである。先ほどの古墳の祟りの事例では、記述する側と記述される側とはその態度において明確な区別が持ち込まれていたが、ここではそれが一致している。このことは、陵墓に関して、空間の生産における記述上の次元と経験的な次元とがほぼ完全に擦り合わせに成功したことを意味している。

じつは、これが、一度失われた媒介機能が蘇生する場合の二つ目の契機である。被葬者が明確にされ、祭祀の対象となった古墳は、陵墓として再び当初の媒介機能をほぼ完全なかたちで回復することになる。ここで完全なかたちというのは、この新たな空間の内部にはその虚構性を指摘し得るような外部の視線がほぼ完全に遮断されていることを意味する。それが外部の視線にさらされるのは、戦後における視線の転換まで待つことになる。

ところで、このように陵墓は死者の世界を生者の世界に組み入れる媒介機能をほぼ完全に実現することになったが、陵墓が成し遂げている機能はそればかりではない。

「万世一系」の歴史の具現化

現在ではその存在が疑われるような、皇室の祖先とされる神話的人物も陵墓が定められているのは周知の通りである。高木博志の研究によれば、一八八九（明治二二）年の時点では、たとえば、奈良県では、武烈陵や顕宗陵はまだ定まっておらず、そういう状況に対して、未指定の天皇陵をすべて確定する必要があると伊藤博文が演説したという。史料には、「是より先、条約改正の議起るに際し、伯爵伊藤博文以為らく、万世一系の皇統を奉戴する帝国にして、歴代山陵の所在未だ明らかならざるものあるが如きは、外交上信を列国に失ふ」（『明治天皇紀』一八八九年六月九日）と記されている。これについて高木が述べるように、その背景には鹿鳴館外交に見られるようなヨーロッパの猿まねだけでは世界の一等国になれないという事情がある。

ようするにまだ天皇陵が明らかになってないようでは外国に対して条約改正がうまくいかないとい

うわけです。なんで天皇陵をすべて決めることが条約改正という国際社会にかかわる問題につながるのか、不思議な論理なんですけど、これこそが日本の伝統を外国に対して打ち出していく、その戦略なのですね。これは「神武創業」の理念と一緒なのです。……ロシアにはロシアの『伝統』があり、オーストリアにはオーストリアの『伝統』があるように、そのなかで日本には『神武創業』以来の『伝統』があるのだということを欧米に示す必要がある。そういう戦略の下で天皇陵が確定されていった（高木 2000: 118–119）。

「伝統」の誇示を当時の国際情勢のなかで生き抜く戦略と見なす以上の指摘は、きわめて興味深い。では、日本の「伝統」を示すために、なぜ天皇陵を一つも漏らさず定めなければならなかったのであろうか。それは、この「伝統」の中身が、伊藤の言葉によく示されているように「万世一系の皇統」の具現化を意味していたからである。それは、もはや「伝統」というより、天皇制に固有の「歴史」というにふさわしい。

つまり、個々の天皇陵は、死者の世界を生者の世界に組み入れる媒介機能しか保持していないにもかかわらず、それが神武天皇陵から先代の天皇陵に至るまで、一つも欠けることなく具現化し、集合化することによって、個々の天皇陵では成し遂げることができない第二の機能を発揮することになる。すなわち、過去を現在に組み入れる媒介機能を代替することが可能となるのである。それは、天皇陵が、新たな空間における死の意味づけを根底とした歴史の表象装置であることを意味している。

このことは、皇后の陵やそれ以外の皇族の墓、果ては神代三陵まで定められていることをも説明する。

天皇陵のみならず、その裾野の広がりを可能な限り示すことが、「万世一系の皇統」の具現化を、より確かなものとすることになるからである。

さらには、被葬者が不明の陵墓参考地が多量に確保されている事態も説明する。なぜなら、天皇陵を一つも欠くことができない以上、つねに不測の事態に備えねばならないからである。

その不測の事態の最大のものが陵墓の文化遺産化を求める運動の高まりであろう。とくに近年は、被葬者論とは別の陵墓公開を促すロジックが登場している。高木によれば、明治以降の日本の文化遺産には二つの系統があり、「ひとつは博物館に代表されるような、国宝や重要文化財といった、国民に開かれた」系統と、「ひとつは国民から隠し、あるいは国民を排除することによって神秘性をもたせる」宝物の系統があり、「この『秘匿された』宝物系統のもの」には正倉院御物や戦前の法隆寺献納宝物があり、陵墓もこの系統に含まれるという。そして、一九九八（平成一〇）年一二月に正倉院の正倉がいったん「国宝」に指定されてから世界文化遺産に登録されたように、世界文化遺産をいわば利用するかたちで、外圧に弱い日本政府に対して「仁徳天皇陵を世界文化遺産に！」というスローガンも有効であろうとする（高木 2000: 117–120, 1999: 32–35）。

たとえば、もし「仁徳天皇陵」が世界文化遺産に指定された場合、遺産化の消毒作用によって第一の媒介機能を喪失してしまうことになる。それは、同時に、第二の機能である過去を現在に組み入れる媒介機能を可能にした集合化による連鎖が切断されることを意味する。したがって、それは個々の陵墓の問題にとどまらず、同時に天皇制に固有の歴史が失われることも意味するのである。

写真6-d　物集女車塚古墳全景
京都府向日市　1998年11月10日筆者撮影

物集女車塚古墳

世界文化遺産への登録を利用する戦略の有効性は、その後の展開が示してくれるであろう。もし、仮に陵墓が文化遺産化され、多くの古墳のなかの一つとして歩き始めた場合、どのような道を進むことになるのだろうか。それを暗示する事例が京都府向日市に所在する物集女《もずめ》車塚古墳である（写真6-d）。物集女車塚古墳は「遺構の恒久的な保存とともに市民をはじめ多くの人々に歴史的緑地公園として見学利用してもらうことを目的として」近年整備されており、地域の歴史教育の場として、また市民の憩いの場として提供されている（向日市教育委員会 1995: 111）。

ところで、この古墳には「淳和天皇の霊柩車を埋めた（あるいは燃やした）場所である」という伝説が伝えられている。古墳の築造年代はおよそ六世紀半ばとされており、淳和天皇が没した八四六年と比べて約三百年の開きがある。実証的な考古学や歴史学の立場からは、この伝説は誤ったものとなるはずである。ところが、ある種のリアリティをもってこの伝説は伝えられてきたとされる。
この伝説の背景には、幕府による陵墓探索があったとされる。現地の記録を調査した玉城玲子によれば、陵墓の見分使が初めて物集女村に入った一六九八（元禄一一）年には、淳和天皇に関する何の伝説もなかった同村の丸い塚山（火葬塚）を陵とし、同じく車塚もあいまいな形でその存在を付記されており、これが淳和天皇と車塚を結びつけることになった最初の出来事とする。その後、「御車塚」として淳和天皇陵に準じた扱いを受けることになるが、一八六二（文久二）年以降に行われた修陵によって、陵墓参考地の対象から外されたとする。
この伝説について最初に記載したのは一七一一（正徳元）年に成立した『山州名跡志』である。この地誌には、まず、
淳和天皇御葬所　土人稱廟所塚　在同所民居南一　町餘有松数本
として、続けて、火葬塚については「淳和天皇の御葬所」とし、これに続けて
在右所（淳和天皇御葬所）巽方一町餘。是即御車納所歟。
として、車塚については「御車を納めた所ではないか」と推定している。この記述を見る限りでは、葬送に用いた車かどうか、つまり霊柩車なのかどうかは、はっきりとは書かれていない。しかし、淳和天皇御葬所と併記されていることを考え合わせると、霊柩車であると考えられていたとするほうが自然なように思われる。現在まで受け継がれている伝説の萌芽を見ることができるだろう。したがって、見分使が初めて物集女村に入った一六九八（元禄一一）年から一七一一（正徳元）年までの一三年間にこの伝説が形成されつつあったのではないか、というのが玉城の結論である（玉城 1988: 387–416）。しかし、

気になるのは、この記述の仕方からは、この推定が、実地調査による地元での聞き取りによるものか、それとも著者独自の考えなのかが判然としないことである。

伝説の生成

ところで、柳田國男編『日本伝説名彙』をひもとくと、全国各地に車塚という名称をもつ塚があることがわかる。いくつか列挙してみよう（柳田 1971: 368–369）。

(1)弘仁八年東山親王三河に謫さられ上野に在した。薨去後、車をここに埋めたので車塚と称し、坂を車坂という。——愛知県碧海郡上郷村永覚新郷

(2)神山神社境内にあるという。倭姫命が天照大神の御魂を曳き奉りこの地まで来られ、車を埋められた塚と勢陽俚諺に記されているという。——三重県飯南郡櫛田村山添

(3)馬路村と千歳村との境の田圃の中にあり、神武天皇の御車が埋めてあるといわれている。——京都府南桑田郡

(4)八木島のおいどという田圃の中にあったが取毀たれて今はない。後鳥羽院が東本梅村大内の楽音寺へ行幸のとき、御車を乗捨てられた処で、後に里人が御車を埋めて塚とし崇敬してその付近を通行しなかったという。——京都府船井吉富村

以上の伝説を見てみると、いずれも歴史上、伝説上の著名な人物が車を埋めたか、あるいは乗り捨て

たとして名称の由来を説く伝説である。しかし、これらの伝説からは、それらの「車」が「霊柩車」であったかどうかは定かではない。「霊柩車」を燃やしたあるいは埋めたといった車塚伝説の成立には、ある条件が必要なのである。

同じく、物集女車塚の伝説が記録された『山州名跡志』には、ほかにも車塚という名称の塚についての記録が書かれている。京都府城陽市の車塚についての記述から、車塚に霊柩車の姿を見ていたのは誰だったのかが見えてくる。

在同所東大和街道東。形南北ニ亘リテ如山。是則所葬送車ヲ所蔵也。同西ニ大ナル塚アリ。是則葬送ノ塚ナルベシ。由縁不詳。

この記述においても、物集女車塚の場合と同様に二つの塚を併記しており、一方を葬送の塚であるとし、もう一方を、葬送の車を納めた所であると断言している。これは明らかに霊柩車の記述と見なすことができるだろう。『山州名跡志』の著者には、車塚という名称のある塚に対して、近辺にある別の手頃な塚と組み合わせて、一方を葬送の塚とし、もう一方を葬送の車の塚と見なして古墳を位置づけようとする枠組みがあったのではないだろうか。

言い換えれば、車塚伝説における車が霊柩車と見なされるためには、葬送の塚とセットにして捉えられる必要がある。そして、そのような枠組みを提供したのが、知識人ではなかったかと考えられる。つまり、霊柩車伝説は、口頭において自然発生したのではなく、まず知識人の記述上にその祖型が成立したと考えられるのである。

この事例の興味深い点は、伝説の生成の場が明らかな点である。伝説が人々にとって「歴史的事実」として受け入れられるためには、その生成の場が信じられなければならない。このほかの事例では、「憑依」や「夢告」が人々のリアリティを生み出す物語創出装置として機能していた。だが、この事例では、知識人の記述が伝説の生成の場となっているのである。

江戸期は、「憑依」や「夢告」といった霊的なメディアから文字メディアへと急速に移行し始めるメディアの転換期であった。先に取り上げた事例で、「憑依」や「夢告」が知識人によって記述されていたように、これらのメディアはリアリティを創出する力を次第に失い、興味深い珍奇な記述の対象へと転落していくことになる。身近な共同体から文字を媒介とした、より広い社会性へとリアリティの次元が移行し始めていたのである。この事例が示すのは、この伝説もまた、陵墓と同一の根をもった江戸期における空間の生産の副産物であったということである。

だがその後、この古墳は陵墓参考地から外される。にもかかわらず、現在に至るまでこの伝説は伝えられ、この古墳は「古くから周辺の多くの住民により、地元のシンボルとして親しまれてきた」のである（向日市教育委員会 1995: 6）。そして、この点が古墳の整備事業のうえで好意的に受けとめられ、歴史的緑地公園として再生する支えになったことは確かである。

考古学者の田中琢が述べるように、「かつての機能を喪失し、生命を失ったかに見える遺跡も、地域社会の人々の生活のなかでは、新しい別の機能が付与されており、歴史的環境の大きな構成要素となっている」のであり、「遺跡の保護は、形あるものの保護だけにはとどまらない。その遺跡にまつわって生まれてきたさまざまの無形の伝統、歴史的環境の保持にもつながっている」のである（田中 1986: 8）。この事例は、このような遺跡保護の理念をよく示しているとともに、陵墓が文化遺産となった場合の一つのあり方をも示唆しているといえよう(7)。

近代考古学と古墳の地域表象

このように、物集女車塚古墳は、江戸期における知識人の記述を契機として、伝説が生まれ、さらにそこから一時期は陵墓参考地と見なされるものの、それ以降、明治近代を通じて現在に至るまで、この伝説をもとに地域のシンボルとして扱われてきたこと、そして歴史的緑地公園として再生したことが明らかとなった。

しかし、多くの場合は、江戸期から現在まで、何回にもわたる文脈の変化の過程が、このように明らかなものは少ない。たいていは、近代考古学の登場によって、発掘を契機として、遺跡として認知され、保存されることになる。

たとえば、先ほど触れた京都府城陽市の車塚古墳は、その好例であろう(8)。城陽市は、「遺跡のまち」、あるいは「古墳のまち」と呼ばれており、古墳の存在が地域を表象するシンボルとして見なされてきた。それは、久津川車塚古墳を中心とする多くの古墳群が存在しているからである。

これらの古墳は一七一一（正徳元）年に出版された『山州名跡志』に、車塚をはじめ、その他の塚（指月塚、鴻塚、梶塚）などの名称が記載されており、それ以前、一六八四（貞享元）年に著された地誌『雍州府志』にも、名前はわからないものの七つの帝陵があることが記載されている。

このように、この地域に古墳が多数存在することについては、すでに江戸期には知られていたが、考古学的な対象としての遺跡として認知されるのは明治になってからのことである。

一八九四年、京都と奈良を結ぶ鉄道建設工事の作業中、車塚古墳の墳丘の盛土を削っていたところ、石棺や石室が発見される。鉄道建設という、いかにも近代的な公共事業によって遺跡が破壊、発見される最も初期の事例といえるだろう。石棺の内部の様子については、同年に警察が作った記録が残されている。

此時、人夫ヲ排シ、立会人ト共ニ棺内検視スルニ、図ノ如ク明ニ人体髑髏ヲ存シ、且ツ宝鏡・宝剣ノ整然タルヲ見ル。不覚惶懼戦慄ノ感ヲ発シ、其常人ニアラザル事ヲ知レリ。乂手、再拝畏敬、以テ、其誰タルヲ発見セントスルモ、之ガ証憑ノ見ルベキモノ更ニナカリシナリ。依テ、宝鏡ヲ以テ、之ガ憑証ノ因タラシメント欲シ、宝鏡七面ヲ採出シタリ（城陽市歴史民俗資料館 1995: 28）。

まだ記録は続くが、当時の発見の様子とその驚きがよく伝わる記録といえるだろう。その後、一九一五（大正四）年に再び調査が行われ、同年七月に石棺は京都大学に保管されることになり、そのことは新聞にも報じられた。そして一九二〇（大正九）年、考古学における古墳研究の基本文献となる『久津川古墳研究』が、京都大学の考古学者梅原末治によってまとめられ（梅原 1920）、車塚は日本を代表する古墳として全国的に知られることになるのである。

その結果、地域の中の古墳群は、貴重な文化財となり、また郷土学習の資料として積極的に活用され、地元の寺田小学校には大正期に郷土資料室が設けられ、昭和期を通じて古墳を材料とした郷土教育が実践される。また、一九五九（昭和三四）年に制定された久津川小学校の校歌には、「七つの塚のいにしえを埴輪にしのぶわが里や」と、「七つ塚」として呼ばれる古墳群が歌われ、地域に固有のアイデンティティを表現するものとして、古墳が定着したことがわかる。

このように、明治近代になって、鉄道建設を契機に発見され、当時、日本に導入されつつあった近代考古学の格好の対象となり、学術的な「報告書」としてまとめられた。このことによって、古墳の文脈が「遺跡」として位置づけ直されるとともに、古墳の保存や郷土学習を通じて、地域に固有のアイデンティティが形成されていく過程が見事に現れた事例といえるだろう。まさに、考古学的な発掘を契機として、この地域は「古墳のまち」となったのである。

この事例は、現在も全国各地に行われている遺跡の発掘と保存を契機とした町づくり、町おこしの最も初期のケースといえるだろう。

この事例は、江戸期の記述に見られた「祟り」の事例のように、祟りを契機として遠い過去の死者の霊を祀るようになったわけではないが、古墳が遺跡として、学術的な根拠づけを与えられることで、古墳をシンボルとして祀る祭祀集団として、「地域」が再編されていると見なすことが可能であろう。つまり、古墳は、地域表象の卓越した装置として見出され、再生したのである。

復元の思想

この事例をはじめ、古墳の保存という行為が、基本的に復元の思想に支えられながらも、地域社会に受け入れられやすいかたちでなければならない以上、完全な復元はありえない。本物でもなければ贋物でもない。いわば第三の存在として古墳は再生しているのである。

そのことをよく示すように、さまざまな再生のかたちがある。完全復元をめざし、墳丘に新たに盛り土をし、全面を何万個という葺石で覆い、各種の埴輪を何重にも巡らせながら、墳頂への階段や散策道、休憩所、夜間にライトアップするための照明器具を設けていたりする。あるいは、夏場の反射熱による近くの住宅の影響を考慮して、片側半分は芝生を植え、残りの反対側だけを葺石にするものもあれば、古墳入口に自動ドアを備え、なかには最新の空調機器を設置しているものもある。移築され多様なモニュメント群の一つに加えられるものもあれば、まったく、はなから古墳を新設し、そのなかを展示室にするものもある。さらに、博物館の建物自体を古墳に似せたものや、古墳をモチーフにしたテーマパークもある。

われわれは、これら第三の存在に、必要に応じて接近し、歴史に触れることもできれば、ノスタルジーを感じることもできる。もちろん、そこから遠ざかることも可能である。それは、われわれに歴史を選択する権利が委ねられていることを意味している。つまり、歴史の選択をめぐる時代をわれわれは生きているのである。そして、この歴史の選択の時代を象徴的に示しているのが、陵墓なのである。

注

（1）陵墓に対する視線の転換の兆しが訪れたのは、仁徳天皇陵に対して戦後間もなく行われた雑誌の取材記事である。すでに指摘されているように、『アサヒグラフ』一九四八年一二月二九日・一九四九年一月五日合併号に「世界一の大墳墓」と題する写真と記事が掲載された。この時に、初めて仁徳天皇陵の墳丘内に立ち入りが許可され、撮影された写真が公開されることになったのである（高橋 1987: 159、今尾 1996: 46–47、外池 1997: 5）。どのような経緯で行われたのかは定かでないが、終戦後の政治的思想的な状況の変化のなかで、ある種の空白を突いて、陵墓への立ち入りと写真撮影が可能になったことは容易に推察される。しかし、ここでも揺るぎないのは「世界一の大墳墓」という価値づけである。むしろ、敗戦による社会的混乱や貧困、国際社会での地位の喪失などの状況であったからこそ、世界的に価値があるものが国内に存在することを示すのは、それなりの必要性と意味を持っていたのだろう。

その年に、ハーバード大学のライシャワー教授が、仁徳天皇陵の調査・発掘の提案をし、『読売新聞』（四月二七日付）には、「仁徳陵を発掘の提案、世界最大古墳に国際援助」の見出しで報じている。しかし、記事の内容には、「国内に賛否両論」とあり、賛成派には、騎馬民族説で有名な東京大学の江上波夫教授が「仁徳陵は〝地底の法隆寺〟ともいうべき貴重な資料だ」と述べ、調査に賛意を表明しているのに対して、反対派として明治大学の後藤守一教授が「皇陵を発掘することは国民感情の上からいつでも望ましくない」とし、さらに考古学的にも調査の価値がないとして否定的な見解を述べている。そして、一九五〇年の『毎日新聞』（三月二八日付）に、先に触れたアメリカ軍による陵墓の航空写真が新聞紙上に掲載されることになる（外池 1997: 5–6）。

（2）この本のなかで、森は「タブーの天皇陵」という一節を設けて以下のように述べている。

私が常々ふしぎに思うことは、戦後は古代史研究にたいして政治的束縛がなくなったとか、天皇関係の文献批判が自由に行われるようになったとかいわれているけれども、実際は天皇陵に関してはいまだに、わずかに宮内庁蔵の墳丘実測図や墳丘の航空写真が各種の刊行物に掲載される程度で、古墳研究者による天皇陵への積極的な取組みは行われていないという事実である。「積極的な」というのは、天皇陵を研究するからには、その御治定の経過をふりかえってみても、これに批判的になるのはある程度やむをえないことであると、私は考えているからである。最近は各地で頻繁に古墳発掘が行われて古墳の知識は豊富になったから、もはやこれ以上天皇陵を資料としなくても十分に古墳研究はすすめられる段階になっている、とはけっしていえない。本書でも、これまでに、いたるところで、天皇陵関係の資料を考察しなければならなかった。たとえば「中期は五世紀ごろに相当する」というような古墳の年代観の大前提も、大仙陵と呼ばれる前方後円墳を仁徳天皇の御陵であると信じ、そして文献資料によって導き出された仁徳天皇の在位年代をこの墳丘の変遷にあてはめる、というような方法によってつくられている。だから、日本の古墳の変遷過程をできるだけ正確にとらえるためには、まず天皇陵についての検討が必要である（森 1965: 143–144）。

このように述べた後、陵墓が建造されてからその多くが忘れ去られ、祭祀はおろかその所在さえ不明になっていたこと。江戸期になってから探索が行われ、明治になって新政府が急いで陵墓を治定していったこと。それは考古学が自立した学問として形成される以前のことで、考古学的な検討がなされなかったこと。したがって、今日の学問水準から批判する余地があるのは当然のことであり、これを批判することは国民に対する研究者の義務でもあると森は述べる（森 1965: 145）。

(3) 森は、先の文章の最後に、「要は、各天皇陵には、考古学的にもっとも可能性のある古墳で、できれば断定のできる古墳を治定することが、学問の発達した現代にふさわしいということである」とし、さらに「考古学者が疑問をいだいている古墳が天皇陵に指定されているのでは、国民としては、いかにりっぱな拝所を設けてあっても、なにか割り切れない気持ちがのこる」と述べている（森 1965: 156）。つまり、考古学的に正しい陵墓祭祀を求めているのである。それは分裂した二つの歴史を一致させることを意味している。

（4）以下の江戸期の文献については、斎藤忠（1971）を参照した。

（5）『丸隈山古墳Ⅱ』（福岡市教育委員会1986）に関連文書と研究略史が掲載されている。

（6）江戸〜明治期における陵墓に関しては、考古学者や近世史、近代史家による優れた研究が数多く発表されている。研究動向については外池昇（1997）が簡潔な整理を行っており、有益である。また、横内祐人（1995）にはほぼ関連文献を網羅したリストが紹介されている。なお、陵墓問題の概要を知るには茂木雅博（1997）が簡潔にして要を得ている。詳しくはそれらを参照していただきたい。

（7）陵墓の保存には別の文脈も存在する。たとえば、「仁徳天皇陵」などの巨大古墳の現状は、植物の生い茂る森林地帯であり、またバードウォッチングの対象となる野鳥の生息地でもある。したがって、自然保護の文脈から陵墓の保存の可能性もある（九州大学大学院の田中良之教授の口頭教示による）。

（8）以下の紹介は、城陽市歴史民俗資料館編（1995）を参考にしている。

第7章　神になった偉人――人物記念と地域表象

1　記憶への関心

ユネスコの世界遺産や各地の博物館の急増に見られるように、現代社会は、美術史上・歴史上の価値を持った各種の文化財から、身近な日常生活品、さらには本来であれば忘れてしまいたいような忌まわしい戦争や災害、環境汚染の傷跡に至るまで、あらゆるモノや場所、出来事の記憶が収集され保存される「保存する時代」を迎えている（荻野 1997）。これにともない記憶に関する人文社会科学全般の関心が高まっている。

社会学における記憶研究の基本的枠組みは、アルヴァックスの集合的記憶論によって与えられている。集合的記憶とは、「集団」という担い手が、「現在」において、「過去」の出来事、人物、事物、さらに集団自身をめぐって、「想起」するところの「イメージ・印象・感覚」や「観念」である。したがって、集合的記憶は、単なる過去の再現ではなく、いまここの「現在」の時点における「過去」の「再構成」なのである(1)。

記憶が現在における過去の再構成であるという視点は、「歴史」を「制作されるもの」と見なすアプローチを導くことになる。この点について本章が関心をもつのは、歴史の制作という行為のうち、とくに「場所」と結びついた歴史の制作について考察しようとするアプローチを、「記憶のトポグラフィー」と呼ぶ、浜日出夫の議論である（浜 2000）。

浜は、アルヴァックスが「歴史をそれぞれの現在において集合的に再構成されるものとしてとらえるとともに、この再構成が空間的枠組みのなかで行われることに注目する」点を評価する。そして、アルヴァックスの集合的記憶論が、「われわれが歴史の制作という行為を考察するさいに」、「空間のなかの場所やモノをめぐって展開される諸集団の活動」に注意をうながしていると指摘し、「集合的記憶の場」のひとつである「歴史博物館」における歴史の制作についての考察のため理論的整備を試みている（浜 2000: 4–16）。

浜のいう「記憶のトポグラフィー」という視点が、本稿にとって興味深いのは、過去の出来事、人物、事物、さらに集団自身をめぐって、想起される記憶を、歴史博物館ばかりでなく、モノや場所などの具体的かつ多様な歴史的遺産を通じて考察するというアプローチを示唆しているからである。

もう一点、本稿で注目したいのは、デュルケーム学派のアルヴァックスとデュルケームとの違いについて、大野道邦が次のように指摘している点である。デュルケームが、『宗教生活の原初形態』で取り上げた「表象的または記念的儀礼」の議論において、「クラン集団の祖先の事蹟の思い出や記憶を想起する集合的なパフォーマンスについて語っているが」、「力点は記憶そのものよりも、非日常的な儀礼の場における想起行為が喚起する集合的な力としての『集合的沸騰』に置かれており」、「記憶の再生や維持の、時間的・空間的に限定された儀礼装置が重視されている」のに対して、アルヴァックスの場合、「社会現象としての記憶を正面から扱い、日常かつ平静時のルーティン的な状況における記憶の形成・想起を問題にしていた」とする（大野 2000: 167）。

本章の関心は、「日常かつ平静時のルーティン的な状況」と「非日常的な儀礼の場」との双方における記憶の想起の特質について総合的に把握することにある。というのも、日本社会において歴史的遺産と見なされているモノや場所における記憶の想起行為は、しばしば儀礼的な様相を帯びることが知られており、また、実際、なんらかの出来事や人物を記念する行事または記念儀礼が行われることもよくあるからである。とくに、歴史上の偉人とされる過去の「死者」の記憶の想起は、記憶の想起を通じてなされる歴史の制作ばかりでなく、それを通じて記憶の担い手である「集団」が儀礼的に構築／再構築されるからである。

本章は、以上のような関心から、日本の歴史上の「偉人」とされる本居宣長の歴史的遺産を通じた記憶の想起、および記念行為の検討を通じて、地域の集合的記憶とそれを焦点とした地域表象の特質について議論することを目的とする。

2　本居宣長とは

本居宣長（1730–1801）は、十八世紀後半の江戸後期社会において、国民国家「日本」という文化的アイデンティティを、明治近代に先行して、学術的な体裁をとって初めて語り出した「国学者」である。「敷島のやまとのくに（日本）」、「敷島のやまとことば（日本語）」、「敷島のやまとごころ（日本人の心）」といった宣長が語り出した「神話」の圏域の内側にある近代の学知によって、宣長はその先駆者として、現在に至るまで賞賛の言葉とともに、繰り返し再生してきたのである。

たとえば、「二十一世紀の本居宣長」というテーマで、川崎市市民ミュージアムと四日市市立博物館にて展覧会が開催された(2)。このような展覧会の開催は、宣長という人物を顕彰し、記念する行為と呼ぶことができるだろう。同名の図録には、この企画展の趣旨が次のように述べられている（図7–a）。

「本居宣長」という名前を聞いて、知らない日本人はまずいないことでしょう。ではどのようなことを行い、そして考えた人かというと、心もとなくなります。有名人ではあるけれど、深く知らない人―このような印象が現代の日本人の意識にあるように思われます。それは、何故だろう。この疑問が、今回の展覧会の出発点にもなっています。

本居宣長という人物は、十八世紀後半に松阪に居住し、ひたすら学問に打ち込むとともに和歌を詠み、またかたわらで家業である医者を続け、多くの弟子を育てました。しかし、亡くなったのちは、宣長の思想・学業・考え方・生き方は日本国家の近代化、戦争への参入といった中で、潤色され、歪曲され、利用された面もあります。このことが、実はよく知らないけれど名前は知っている「本居宣長」像を、日本人に定着させてしまったものと思われます。

そこで本展では、いま一度「本居宣長」という人物と彼が生きていた場―時代―に戻って、宣長が何を求め、何を考えて、そして何を後世に遺そうとしたのか、さらに現代に生きるわれわれはそこから何を学ぶべきなのか、を考えてみたいと思います(3)。

図7-a　『21世紀の本居宣長』展図録
朝日新聞社 2004　筆者所蔵

「何を求め、何を考えて、そして何を後世に遺そうとしたのか」を考えなければならない存在として、さらにそこから何かを学ばなければならない存在として、宣長という人物が「現代に生きるわれわれ」の前にあることを、この文章は告げている。ここでいう「われわれ」とは、繰り返し文章の中で言及されているように、「日本人」を意味している。

では、なぜ「日本人」は、宣長という人物について、詳しく知らなければならないのか。それは、「ひたすら学問に打ち込むとともに和歌を詠み、またかたわらで家業である医者を続け、多くの弟子を育て」たにもかかわらず、その没後、「宣長の思想・学業・考え方・生き方は日本国家の近代化、戦争への参入といった中で、潤色され、歪曲され、利用された面もあります」というように、相反する「本居宣長」像があると考えられているからなのである。

そしてここには、この相反する宣長像の一方が、「潤色」、「歪曲」、「戦争への参入」の中で「利用」されたという語り口がある。「このことが、実はよく知らないけれど名前は知っている『本居宣長』像を、日本人に定着させてしまった」と述べるように、この宣長の否定的な側面を、歪曲されたイメージとして考えているのである。つまり、本当の宣長像があるはずであり、虚像を打破し、その実像をわれわれ「日本人」は知る必要があると考えているのである。そして、それは現代を生きる日本人にとって意味のあるものとされる。だからこそ、この文章は、「この展示を通して、是非ともご観覧の皆様一人一人が二十一世紀の宣長像を探っていただければと思います」と述べるのである。

以上のように、宣長が「日本人」にとって、知るべき存在、学ぶべき存在として語られる点に関しては、戦前戦後を通じて一貫していることに気づかされる。このような語り口が、「宣長の再生とは、近代における『日本とは』『日本人とは』と求めるような自己言及的な言説の再生」なのであり、「そうした『自己（日本）』」への自己言及的な言説のあるところに、ほとんど常に宣長は再生する」という事態を示すものであることは明らかであろう（子安 1992: 2–4）。つまり、宣長の思想、学問、生き方と、没後の宣長像とは無関係なものではなく、表裏一体の関係にあり、歪曲された「虚像」の向こう側に、「日本人」が知るべき「実像」を求めることは、宣長の創り出した自己言及的な「神話」に再び内実を与えることを意味するだろう（4）。

だが、ここで考えてみたいのは、「宣長の思想・学業・考え方・生き方は日本国家の近代化、戦争への参入といった中で、潤色され、歪曲され、利用された」と述べるように、「虚像」に対して「実像」を提示する、このような「視点」がいかにして可能になっているのかである。

そこで、注目したいのは、「十八世紀後半に松阪に居住し」と書かれているように、宣長が「松阪」という特定の地域との関係で言及されている点である。実は、この展覧会が、松阪の本居宣長記念館の主催、そして地元企業の協力で開催されているように、かつて国家によって潤色され、歪曲され、利用された虚像に対して、地元からその実像を提示しようという試みと考えられるのである。ここに見られるのは、「地域」から見るという視点である。

では、「地域」における宣長像とはどのようなものだろうか。「地域」における宣長の歴史的遺産を通じた記憶の想起、記念行為について、以下、検討していくことにしたい。

3　遺蹟めぐり――歴史的遺産と地域の歴史イメージの制作

遺蹟による歴史イメージ

宣長が生涯のほとんどを過ごした松阪の町（三重県松阪市）には、宣長にゆかりの遺蹟が数多く保存されている。本居宣長記念館から刊行されている『図説　本居宣長』を参照しながら、基本的な遺蹟を列挙してみよう（図7-b、7-c、7-d）。

(1)本居宣長旧宅跡　国特別史跡　市内魚町

宣長が十二歳の時から七十二歳で亡くなるまで終生住んだ宅地の跡である。旧宅は一九〇九（明治四二）年松阪公園に移されたが、旧宅の礎石、前・裏庭、井戸と、実子春庭が購入した家屋、便所、土蔵が完全に保存されている。

(2)本居宣長・春庭墓　国史跡　市内新町　樹敬寺内

法幢山樹敬寺は本居家の菩提寺で、その一角に先祖代々の墓碑が並んでいる。『高岳院石上道敬居士　円明院清室恵鏡大姉』と自ら認めた宣長と妻お勝の墓、その背中合わせに息子春庭とその妻壱岐の墓があり『明章院通言道永居士　雅静院淑和慧厚大姉』と刻まれている。

(3)本居宣長奥墓　国史跡　市内山室町　山室山

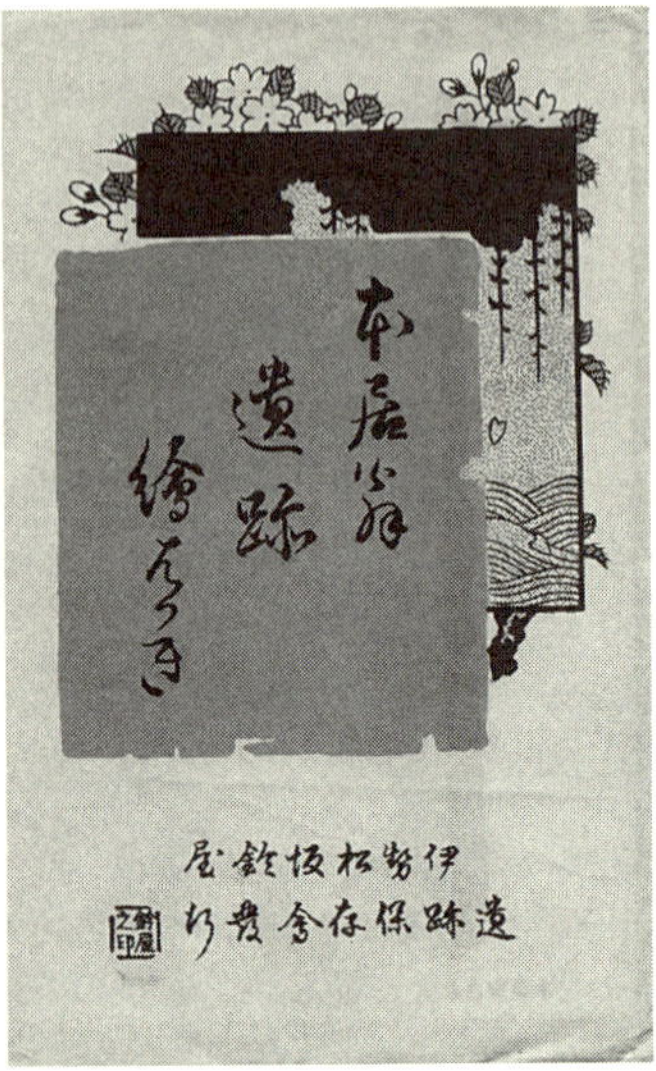

図7−b　戦前の絵葉書袋
伊勢松坂鈴屋遺跡保存会発行
筆者所蔵

市街地から南方六キロメートル山室山の山頂近くに奥墓がある。遺言によりここに遺骸が埋葬されている。墓石の碑文『本居宣長之奥墓』も宣長の自筆である。墓のすぐ傍らに門人植松有信の歌碑と宣長の死後門人となった平田篤胤の追慕碑がある。

(4)嶺松院跡　市内新町　樹敬寺内

宣長の墓碑のある樹敬寺の山門をく

図7-c　戦前の絵葉書　本居宣長翁移築後の旧宅
伊勢松坂鈴屋遺跡保存会発行　筆者所蔵

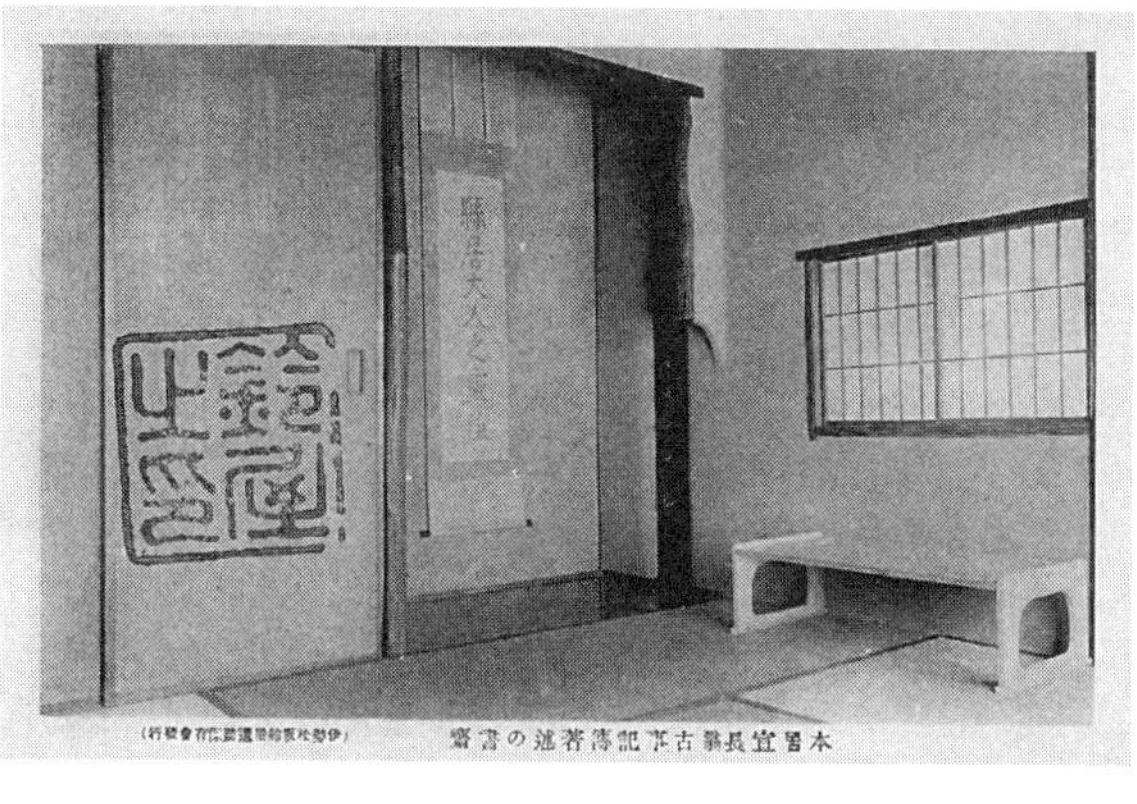

図7-d　同上　本居宣長翁古事記著述の書斎　筆者所蔵

ぐったすぐ左側に、宣長らが主宰した歌会の会場となった嶺松院があったが、一八九三年（明治二六年）の松阪大火で消失してしまった。そこに宣長が宝暦一三年に詠んだ自筆の幅を拡大刻写した歌碑が建っている。

しめやかにけふ春雨のふる言をかたらん嶺の松かげの庵　舜庵

（5）天神の森之碑　市指定有形文化財　市内愛宕町　菅相寺

紀州藩の代官長野九左衛門清貞が天神の森あたりを『民之家地』にするため塚を取り除き開墾したとき、掘り出された宝剣を天満天神として祀ったという由来を、寛政八年宣長が撰文し、門人の橘千陰が揮毫したものである。

（6）新上屋跡　市指定史跡　市内日野町

宣長三十四歳の五月二五日新上屋で賀茂真淵に面会し、国学の指導を受けた旅籠のあとである。

（7）大平宅跡　市内本町

宣長初期の門人で、後に宣長の養嗣子となった大平の生家は旧参宮街道筋である。

以上のほかに、「四五百の森」「三井家発祥地」、旧藩時代の武家屋敷跡である「御城番長屋」、松阪商人の資料を中心に展示している「歴史民俗資料館」などが「本居宣長遺蹟散策」として紹介されている（本居宣長記念館 1981: 28–30）。

これらの墓、碑文、住居跡などの宣長の遺蹟のほとんどが史跡として指定されているように、歴史学的な価値をもった文化財として保存されていることがわかる。これらの遺蹟は、学術的な根拠づけを与えられた人物記念・記憶装置ということができる。これらの宣長の遺蹟をめぐることで、松阪という地域の歴史イメージが制作されることになる。

記念・記憶による歴史イメージ

一方、宣長の記念・記憶を通じた地域の歴史イメージの制作は、学術的な遺蹟ばかりではない。これらの歴史的遺産を焦点としつつ、その周辺には、それらにあやかって地域の歴史イメージを制作するスポット、アイテムが揃えられている。

地域で刊行されている雑誌『伊勢人』では、二〇〇一年四月（第二一巻一号通巻一二〇号）に「本居宣長没後二百年記念特集」を行っている。その中の「松阪ぶらり旅　宣長さんの町を歩く」という記事には、「日本を代表する国学者・本居宣長は、生粋の〝松阪っ子〟。没後二百年を迎えた今も、城下町・松阪のあちこちにその面影をしのぶことができる。春風に誘われて、いざ宣長の町へ―。」というキャッチフレーズのもと、地図とイラスト入りで観光スポットが紹介されている。記事に従って、宣長にあやかった地域の歴史イメージの制作を見てみよう。

まず、松阪駅を出ると、駅前のロータリー中央にある噴水の四角い〝駅鈴〟のモニュメントが出迎える。宣長が鈴を好んだことから、宣長のシンボルとされており、鈴によって宣長を比喩的に指示するという文脈は地元においては自明となっている。たとえば、マンホールのふたにも、宣長のシンボル四角い鈴のデザインを発見することができる。

ゆめの樹通りを愛宕町方面へ。赤玉寿司には宣長にちなんだ松阪萬古コレクションがある。たとえば、「高さ三十センチの宣長像、肖像画入り徳利、駅鈴など、いろいろ形を変えて宣長さんが生きている」のである。今度は、モール方面へ一〇分ほど歩くと、町角に宣長のからくり時計が設置されている。宣長のからくり人形の左手にある駅鈴が定刻になると音が鳴る仕組みとなっている。また、第一小学校には、二宮金次郎像ならぬ、宣長像が備え付けられている。

これら宣長を表現した人形や駅鈴などのモニュメントのほかに、宣長にあやかった名物、土産物もある。たとえば、創業天正三年の和菓子舗、柳屋奉善の「宣長飴」。これは小児科医であった宣長が調合していた小児用飴薬をヒントに作ったもので、記事には、「製法通りだと、ショウガが多くて辛すぎるし、漢方薬がたくさん入るので医薬品扱いになってしまうんです。一年間試行錯誤して、やっと平成生まれの〝宣長飴〟ができました」と店の主人の談話が載っている。伝統を感じさせる和菓子でありながら、じつは近年になって、「名物」として創り出されたものである。

これらの地域の歴史イメージを制作するスポットやアイテムは、学術的な根拠をもった遺跡とは異なり、その時々に応じて宣長にあやかって生み出されていることがわかるだろう。文化財に指定されている遺蹟は、宣長と直接つながりをもつ点で価値が付与されており、それゆえ宣長の記憶を直接的に想起させる、いわば「喚喩的なモノ」ということができる。一方、それに対して、からくり人形や駅鈴などのモニュメントなどは、後から宣長に関係づけられた「隠喩的なモノ」ということができるだろう。これには、市内の各所に建てられた宣長関係の歌碑なども含めることができよう。

遺蹟など宣長と直接関係のある喚喩的なモノは、宣長の記憶をできるだけ持続させるように働く傾向があるが、その一方、宣長を模したあるいはシンボル化した隠喩的なモノは、それゆえ後からいくらでも増殖可能であり、宣長にあやかった名物や土産物などの姿をとって、宣長の記憶を象徴的に表現することが可能である。しかし、隠喩であるがゆえに、その力が衰え、死せる隠喩に転落する危険をつねに抱えている。その危険を避けるために、より直接的なリアリティを帯びた喚喩的なモノに支えられながら、隠喩的なモノは、その効力を発揮するのである(5)。

これら宣長の記憶を直接喚起する歴史的遺産を焦点として、それに人形や駅鈴、土産物などの隠喩的なモノが重ねられることで、地域の歴史イメージが象徴的かつ効果的に制作される。歴史上の宣長に関する学術的な知識が、現在とは切り離された過去の人物ではなく、地域のなかで今も生きている宣長像と重ね合わされることで、訪れる者は町歩きを通じて地域の歴史イメージをよりリアルなものとして経験していくのである。

4　二つの墓と遺言書――記憶の制御

宣長の遺蹟のなかで特徴的な点は、宣長の墓が樹敬寺と山室山の二ヵ所に設けられていることである（写真7－a、写真7－b）。これは、宣長が死の一年ほど前に書き残した遺言書に従ったものである。宣長の遺言書は、奇妙な内容であったために、宣長の思想と心理を理解する手掛かりとして多くの研究者に注目されてきた(6)。なぜなら、通常の遺言書のように没後の家督や家産についての指示や、門人への訓戒などの言葉はなく、一方、遺体の処置から葬儀のやり方、埋葬、墓地の場所、そして命日にはどのように参るべきかについて、じつに詳細な指示がなされていたからである。とくに興味深いのは、自分の死後、夜中にひそかに数人で自分の遺体を山室山の奥墓に運び、樹敬寺での葬儀の列は「空送《からたび》」するよう指示していたことである。

本居家の菩提寺である樹敬寺とは別に、生前、自ら山室山に出向いて墓地の選定を行い、さらに墓のデザインも手がけたうえ、奥墓の墓石の碑文「本居宣長之奥墓」まで自筆であった点などは、宣長が自分の没後、生者たちによってどのように扱われ、どのように記憶されるのかについて強い関心をもって

写真 7-a 樹敬寺の本居宣長墓
三重県松阪市魚町 2004 年 10 月 17 日筆者撮影

写真 7-b 本居宣長奥墓
松阪市山室町 同上

いたことがうかがえる。宣長が、死後の世界を穢れた場所とし、死ぬことはただ悲しいとだけ考えて、積極的な関心を示さなかったことが知られているが、その一方で、没後の自分自身についての生者の記憶のあり方には強い関心をもっていたのである。少年時代から最晩年に至るまでの自己に関する膨大な記録類はこれを如実に物語っている。このことから、宣長が「あの世」よりも、自分が死んだ後の「この世」において自分がどのように記憶されるのかについて、はるかに不安を抱いていたとも考えられるだろう(7)。

そのように考えるとき、宣長の遺言書は、宣長没後の生者たちが宣長の記憶をどのようなやり方で、どのような内容を想起すべきかを制御する原初の「呼びかけ」といえよう。実際、現在もこの過去の死者からの「呼びかけ」に従って、墓が維持されており、墓をめぐって種々の儀礼的行為が実施され、記憶が想起されている。宣長の遺言書は、その意味で、墓とそこで行われる記念行為を説明し根拠づけるとともに制御する、起源神話なのである。

このように、宣長は墓を二つ設けることによって、生者の世界における自らの記憶を制御しようと試みたのであるが、やがてそうした制御を超えて、時代の要請に応じたやり方で、宣長の記憶が想起されることになる。

5　人物記念装置——神社から記念館へ

人を神に祀る

過去の歴史上の人物を顕彰する場合、明治近代以降、戦前までは神社を建立し、神として祀ることがしばしば行われた。しかし、それ以前は人が神に祀られる場合、恨みを残した死者が、その祟りゆえに神に祀られたのである。柳田國男は次のように述べている。

死者を神として祀る慣行は、確かに今より昔が盛んであつた。しかし、それと同時に、今ではもう顧みない一種の制限が、つい近い頃までは全国的に認められて居た。支那で祠堂と謂ひ我々が御霊屋と名づけた一家専属の私廟は別として、弘く公共の祭を享け、祈願を聴容した社の神々の、人を祀るものと信ぜられる場合には、以前には特に幾つかの条件があつた。即ち年老いて自然の終りを遂げた人は、先ず第一に之にあづからなかった。遺念余執といふものが、死後に於てもなほ想像せられ、従って屢々タタリと称する方式を以て、怒や喜の強い情を表示し得た人が、このあらたかな神として祀られることになるのであつた（柳田［1926］1969: 474–475）。

死者を神に祀る習俗は古くから存在するが、それには一定の条件があったという。その条件とは、早世をはじめとする異常死などによって、この世に思い残した者が祟りによって自分の恨みや怒りの感情を表現したと考えられた場合に、神として祀られたのである。

このような祟り信仰は、一般に御霊信仰といい平安時代に盛んに行われたことが知られている。しかし、この御霊信仰は、平安時代のような国家的規模の災厄から次第に規模を縮小し、村落や家に限定した祟りになっていく。そして、近代以降は祟りをなした人物を神として祀る習俗も衰退していく。ところが、人を神に祀る別のタイプの信仰が登場することになる。これについて、小松和彦は次のように述べる。

人を神に祀る習俗の古層にあるのは「祟り」という観念であって、祟ることができないような死者の霊は、多くの「子孫」という枠を越えた人びとから「神」として信仰されることはなかったのである。ところが、時の流れ・歴史の歩みとともに、こうした人を神に祀る習俗にもさまざまな変化が生じ、遺念余執を遺して死んだと思われないような人も、というよりも、立派な業績を残し天寿を全うして死んだような人であっても、やがて「神社」や「堂」を作って「神」（仏）として祀りあげることがおこなわれるようになった（小松 2001: 10）。

人を神に祀る習俗は、平安時代の御霊信仰に見られるような「祟り神」を祭祀することで慰撫し、御霊としていわば利益をもたらす守り神とするのが代表的であるが、近代以降は、偉業を成し遂げた人物を顕彰するタイプの神が増加する傾向があり、さらにそれら顕彰系の人神を祀る神社が、人心を支配するために積極的に国家によって建設されたのが明治初期であったと指摘している（小松 2001: 15）。

宣長もまた近代日本によって「神」として祀られた「人神」である。その経過を年表によって追ってみると、まず没後五四年の一八五五（安政二）年に、熱田神宮文庫境内に宣長社が勧進されている。一八六八（明治元）年に、長野県高森町に国学四大人を祀る本学神社が創建される。そして、一八七五（明治八）年に、松阪に山室山神社が創建され、宣長と平田篤胤が祀られる。これが現在の本居宣長ノ宮である。一九〇三（明治三六）年に山室山神社は県社に昇格。一九三一（昭和六）年、山室神社を本居神社と改称。この間に、何度かの遷座を経て現在に至っている(8)。

以上の流れを見ると、宣長も明らかに近代日本の「偉人」として見出され祀られた「顕彰神」系の「人神」であることが明白であろう。

神社から記念館へ

このように、明治から戦前までの間に、歴史上の多くの人物が顕彰されたが、その際の記念装置の主役は「神社」であった。ところが、これらの顕彰型の「神社」は国家神道との結びつきが強かったため、戦後は主要な記念装置の位置から退くことになる。そして、その代替物として登場したのが、「人物記念館」である(9)。戦後になって新たに顕彰された人物の場合、そのほとんどが、人物記念館という記念装置によって顕彰されることになる。現在、全国各地にある夥しい数の人物記念館の多くはそのタイプである。一方、すでに神として祀られ神社が建立されている人物の場合、戦後は神社に加えて博物館機能を備えた記念館が併置されていく。

宣長の場合も、やはり記念館が建設された。一九七〇年に開館した「本居宣長記念館」は、本居家より松阪市への寄贈資料など一万六千点を収蔵し、そのうちには、重要文化財四六七種一九四九点、県有形文化財二〇種三一点が含まれている。開館までの経緯の概要は、同記念館発行の『図説　本居宣長』の「第九章　鈴屋遺蹟保存会」で知ることができる。興味深いのは、記念館の運営の主体である保存会設立の契機となった出来事が書かれている点である。すなわち

「一九〇五年、明治天皇日露戦争戦勝報告のため、伊勢神宮参拝の折、聖恩として松阪が生んだ国学者本居宣長に対して従三位の追贈と、更にその遺蹟保存資金として金五百円の下賜があった。これを機に地元民は勿論、県下の有志が発起又は賛助して本居宣長住宅の保存、記念文庫、管理施設の建設等を目的に翌年八月保存会を設立」（本居宣長記念館 1981: 24）

とあり、これを契機として、県知事を保存会会長として、遺蹟の保存がなされていくことになるのである(10)。

ここで注意したいのは、明治天皇によって宣長の顕彰と遺蹟保存の機会が地元に与えられていることである。「国家」による「呼びかけ」を契機として、「地域」における遺蹟の保存および顕彰という行為が導かれ、遺蹟の保存と顕彰を通じて集合的記憶が再構成され、その記憶の担い手としての「地域」が構築されていくプロセスがよく表れているといえるだろう。

6　「松阪の一夜」の記憶――近代の教育神話

るる記念行為も地域を超えた国家という、より広い社会性を前提として、あるいはそこにおいて実践されると考えられる。

松阪の一夜

地域の集合的記憶が「国家」による「呼びかけ」を契機として構成されるとするならば、地域におけ

そこで、注目すべき宣長の遺蹟は、「新上屋跡」である。これは、「松阪の一夜」として有名な宣長と賀茂真淵の出会いの物語の場所である。三十四歳の宣長は、ここで六十七歳の老大家真淵に会い『古事記』研究に打ち込むことを決意し、その後、三五年の歳月をかけて『古事記伝』を完成させることになる。その意味で新上屋跡は、近代日本に再び語り出される「神話」の再・誕生の場所なのである。

財団法人観光資源保護財団（日本ナショナルトラスト）の一九八七年度の調査事業報告書『伊勢松阪――町並みと歴史遺産』の「序　松阪の町づくり」は次のような書き出しで始まっている。

「松阪」といわれてすぐに思いうかべたのは本居宣長である。戦後世代の人のことはわからないが、大正末期に中学（今の高校）教育をうけた私だからなのだろうか。

「敷島の大和心を人問わば、朝日に匂う山花」

これは戦争中に「戦意昂揚」のために大いに利用された。私たちの世代の宣長はそれとは関係ない。

といっても私は文学にまことに不案内なので、『古事記伝』の名は知っていても手にとりあげたことはない。『玉勝間』の抜すいで、「もののあわれ」をおしえこまれたくらいである。ただ、賀茂真淵との「松阪の一夜」は、一期一会を思わせ、心にずっしりとした感動を残している（西山 1988: 4）。

「松阪」の名が宣長を想起させること、そして戦争中の宣長に対する否定的なイメージを認めつつも、それとはかかわりなく強い感動を残すエピソードとして、賀茂真淵との出会いの物語、「松阪の一夜」が言及されている。大正末期に教育を受けた世代にとって、「松阪」から「宣長」、そして「松阪の一夜」という一連の記憶が想起され連想されることを物語る貴重な証言といえよう。なお、この報告書において、宣長の遺蹟が松阪の町づくりのための観光資源として評価されていることは言うまでもない。

教科書に掲載された物語

さて、この出会いの物語が有名な理由は、一九一八（大正七）年から第三期国定教科書「尋常小学校国語読本」巻十一に佐々木信綱原作「松阪の一夜」が掲載されたことが大いに影響している。「松阪の一夜」は、すぐれた教材とみなされ、その後、改定を重ねながらも国語や修身の教科書に繰り返し掲載され、一九四五年頃まで使用されることになる。つまり、「松阪の一夜」の物語は、『古事記伝』という形で日本神話が再生する契機となった物語であると同時に、師匠と弟子との「美しい出会い」を象徴する近代教育の神話でもあったのである。

第三期国定教科書「尋常小学校　国語読本」巻十一の第十七「松阪の一夜」を見ると、その冒頭は次のように始まっている。

本居宣長は伊勢の國松阪の人である。若い頃から読書がすきで、将来学問を以て身を立てたいと、一心に勉強してゐた。

或夏の半ば、宣長はかねて買ひつけの古本屋に行くと、主人は愛想よく迎へて、……

教科書に掲載されることで、日本全国に「偉人」として教えられることになった宣長は、まず冒頭から「伊勢の國松阪の人である」と規定されているのは重要である。これはとりもなおさず、宣長が顕彰されるだけでなく、「伊勢」「松阪」の名が宣長とともに全国的に広められたことを意味している。

ところで、この教科書の原作とされる大正六年刊行の佐々木信綱『賀茂真淵と本居宣長』の中の「松坂の一夜」の冒頭は次のようになっている。

時は夏の半「いやとこせ」と長閑やかに唄ひつれゆくお伊勢參りの群も、春さきほどには騒がしからぬ伊勢松坂なる日野町の西側古本を商う老舗柏屋兵助の店さきに「ご免」というて腰をかけたのは魚町の小児科醫師年の若い本居舜庵であった（佐々木 1917: 84）。

ここでは、宣長が小児科医であると告げられる点などが異なるが、やはり「伊勢松坂」という地名が書かれている。この物語の末尾に、「附言」として、「余幼くて松坂に在りし頃、柏屋の老主人より聞ける談話に、本居翁の日記、玉かづまの數節などあざなひて、この小篇をものしつ」とあり、また本書の序において、「六歳の冬松坂に移り住みてより、鈴屋の歌會に父に伴われて出席し」と述べているように、佐々木信綱と「松坂」との個人的な関係も影響していたようである。

「松阪の一夜」が教科書に掲載されたという出来事は、これによって、顕彰すべき理想的な「日本人」像としての宣長像を全国的に喧伝するとともに、宣長の記念行為を通じて、「伊勢」「松阪」が表象される構図が成立したことを意味している。この構図が効力を発揮している限り、「松阪」が「地域」に固有のアイデンティティを表出しようとするとき、そこにはつねに宣長が再生することになる。

宣長は自己（日本）言及的言説の原型を創出した先駆者であるがゆえに、近代を通じて繰り返し再生してきた。「日本」という枠組みを前提にして、すぐれた「日本人」として記念される宣長は、それゆえ宣長ゆかりの「地域」にとっても、「郷土の偉人」として記念されてきた。宣長の国家的・国民的な名声を背景として、宣長という人物の記念行為が地域において行われることによって、宣長とともに地域が表象され、その同一性が構築されていくことになる。その意味で、人物記念行為は、国民国家のアイデンティティの構築とともに、それを前提とした、あるいはそれと「入れ子構造」をなした地域アイデンティティの構築あるいは地域表象の卓越した行為ということができるだろう(11)。とするならば、「日本」「日本人」という自己言及的な言説とともに再生する宣長像の近代は、宣長像とともに構成される地域表象の近代でもあったと考えることができるだろう。

7　死者の記憶という視座

二十一世紀を迎えた二〇〇一年は、本居宣長の没後二百年にあたり、宣長関連の出版物が相次いで刊行され、国語学国文学関係や思想系の雑誌では特集が組まれ座談会などが行われた。一方、地元の松阪では、二〇〇一年四月から一一月五日まで行政と市民の協力のもと「宣長さん二百年」というイベントが行われた（図7－e）。そうしたなか、「松阪の昨日・今日・明日」というシンポジウムが開催された。シンポジウムでは作家の堺屋太一が基調講演を行った後、パネリストによるディスカッションが行われた。そこで、コーディネーターは、堺屋の「まちづくり」に対する提案を受けて、松阪の歴史、それが生んだ文化、今日の状況、松阪の未来に進むべき方向について議論したいとその趣旨を述べた後、次のように語り始めている。

さて、私は十年ほど前から「松阪学」というようなものの必要を感じて、ことあるごとにそのことを発言してまいりました。松阪は、本居宣長という偉大な国学者を生んだわけでありますけれども、ただ、偶然に生まれたというのではなくて、「松阪」というまちを抜きにしては語れないと思ったからです（宣長さん二百年実行委員会 2002: 51）。

ここには、地域の視点から宣長を語る際の語り口がはっきりと表れている。すなわち、「『松阪』というまちを抜きにしては語れない」ものとして宣長が捉えられ、そして語られるのである。しかし、すでに見たように、「『松阪』というまちを抜きにしては語れない」という語りが前提としているのは、「宣長という人物を抜きにしては語り得ない」ものとして「松阪」が捉えられ語られるという構図なのである。この構図を前提としながら、地域が自己を表出しようとするとき、「『松阪』というまちを抜きにしては語れない」存在として宣長が位置づけられ、そのうえで顕彰されるのである。

「東北学」をはじめとして、各地で「地域学」の必要が叫ばれるなか、「松阪学」の提唱は時代の流れといえるだろう。「地域学」という学問的体裁をもって、地域のアイデンティティを語り出すとき、そこには、近代国家がその立ち上がりに際して呼び出した過去の死者たちが、再び呼び出されていることに気づかされる。それは、「偉人」として顕彰される固有名を持った「死者」である場合もあれば、原始時代の「先住民」のように「日本人」という「自己」の輪郭を描き出すために呼び出され、そして再び隠蔽された集合的な「死者」の場合もあるだろう。

しかし、このようにして呼び出された「死者」の記憶は、「死者」自身の視点によって表象されているのではなく、現在の「生者」の必要に応じた限りで表象されている。この

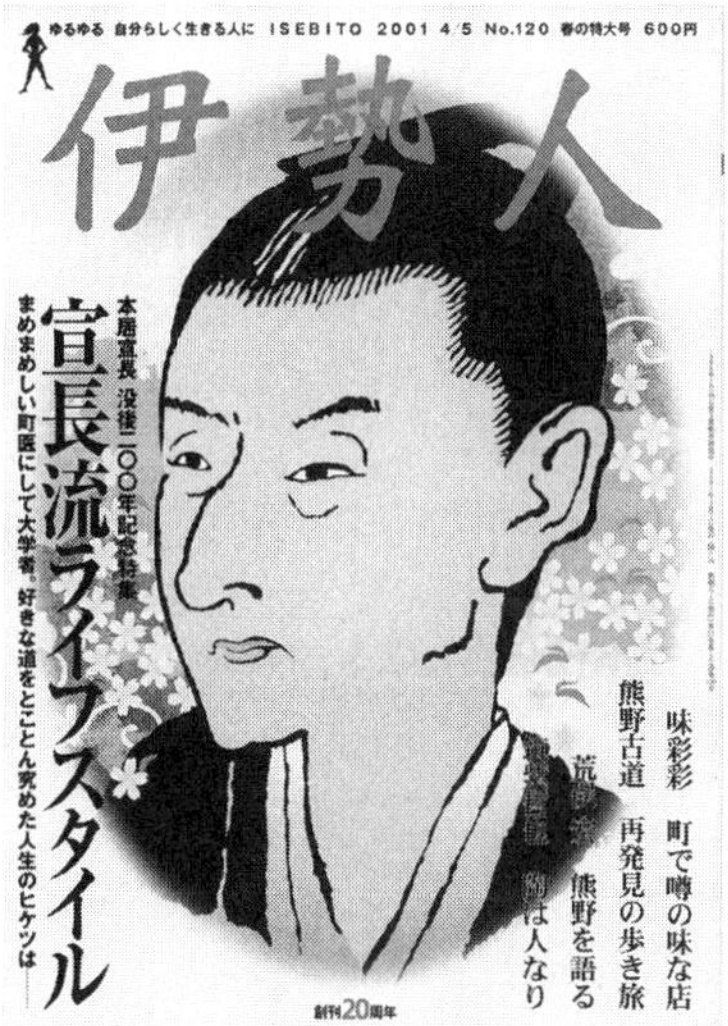

図7-e　雑誌『伊勢人《いせびと》』表紙
2001年4月5日号　筆者所蔵

点に関しては、没後の自己の記憶を制御しようとした宣長にあっても例外ではなかった。

時代の転換期には、それまで「実像」であったものが「虚像」とされ、そして本当の「実像」が求められる。その際、これまでとは異なる相貌をもって現れた「死者」たちに対して、性急に「実像」を求めてそれを押しつけるのではなく、しばらく立ち止まってみることである。そして、突如として現れた異様な姿の「死者」たちが、むしろ既存の枠組みの自明性を揺り動かし、「自己」と「他者」の境界を相対化し、アイデンティティ再考の手掛かりを示していることに目を向けることである。そのとき、「死者」の記憶は、記憶の社会学をより豊かにするための方法的な視座を提供することになるだろう。

注

（1）アルヴァックス（Halbwachs［1950］1968=1989）およびこれを踏まえて「記憶の社会学」の理論的整備を試みている大野（2000）を参照。

（2）川崎市市民ミュージアムにて二〇〇四年九月一八日～一一月七日、四日市市立博物館にて二〇〇四年一一月一六日～二〇〇五年一月一〇日に開催。以上、二ヵ所の博物館および本居宣長記念館、朝日新聞社が主催し、国学院大学と地元企業が協力している。

（3）「あいさつ」『二一世紀の本居宣長』朝日新聞社（2004）参照。

（4）この問題については、「宣長問題」に関する子安宣邦（［1995］2000）の議論に詳述されている。

（5）モノと場所の記憶における隠喩的なモノと喚喩的なモノの相違と役割については、山（2003）において、赤穂義士の記憶を取り上げて検討している。

（6）その代表的なものが、小林（1997）である。松本（1981）では心理学的な見地から「遺言書」の検討を試みている。

（7）宣長の学問は近代文献学の祖として学術的に高い評価を得てきた。これは、考証学者、藤貞幹との有名な論争において、文献学的な立場から、貞幹の「偽証」を見破り、その「臆説」を論破した点などに現れているとされる。これは当時、広義の歴史学が、恣意的な過去の再構成か、あるいは捏造と紙一重であったことを意味している。宣長の没後の自己の記憶への関心は、歴史記述をめぐる宣長の状況認識と無関係ではないと考えられる。江戸知識人の恣意的な歴史記述については、日野（[1977]2004）などを参照。

（8）「二一世紀の本居宣長展　関連年表」『二一世紀の本居宣長』朝日新聞社（2004）参照。

（9）小松（2001）では、「神社」から「記念館」への記念装置の転換について、「西郷隆盛」などいくつかの事例を上げて論じている。

（10）その後、設立目的の「管理施設」の建設はなかなか実現せず、六十年以上の時を経て、一九七〇年の開館までを待つことになる。この時期に、開館が実現した背景には、高度経済成長期を経て、「日本」再発見といったノスタルジーの時代が訪れたこと、これとともに「記念館」によって人物の顕彰を行う方法が一般化しつつあったことが考えられる。

（11）モノと記憶の保存における個別の地域と国家的単位、そして世界単位の「入れ子構造」については、小川（2002）で言及されている。

第8章　再生する伝説——民話の再発見と地域づくり

1　民話の再発見

ある無人駅の看板から

ローカル線の小さな無人駅。改札口はなく、線路の片方にだけ、短いホームがある。そこに不釣合いなぐらい大きな看板がある。そこには次のような文章が書かれている。

「伝説　猿の墓　猟師の墓」

ここは鳴門市大谷の地。この駅の北方約四キロ、分水嶺に「猿の墓」と「猟師の墓」と呼ばれる古墓があり、訪れる人が多い。その昔（今より六百有余年前）大麻《おおあさ》山中一帯には多数の猿が棲息してい

写真８-a　伝説　猿の墓　猟師の墓説明板
JR 鳴門線阿波大谷駅　鳴門市大谷　2006 年 2 月 11 日筆者撮影

た。その中の一頭の大猿が群れを率いて、度々村人に危害を加えるが、これを退治しようとする者がいなかった。そこで、このことを知った播州（今の兵庫県の西部）の猟師は、その大猿を退治し、人々の苦しみを救おうと考え、遠路はるばるこの地に来て大猿に立ち向かったが、ついには大猿に殺されてしまった。この悲報を郷里で聞いた猟師の弟は、兄のかたきを討ちに来々、苦心の末、遂に大猿を殺し、かたきを討つと共に村人の難儀を救った。二つの墓は、この地の合力で建てられた。「猟師の墓」には暦応四年（一三四一年）の碑名が刻まれている。

平成十六年度　地域づくり支援事業

ＪＲ鳴門線阿波大谷駅のホームに設けられた看板には、以上の文章に加えて、猿に向かって弓矢を構える猟師のイラスト、それに猿と猟師の墓までの道案内図が掲載されている（写真８-ａ）。看板の横には、矢で射られた猿の像がガラス張りの箱に展示されている。

現在、この猿退治伝説を掘り起こして町おこしに活用しようという試みが徳島県鳴門市の住民有志によって行われている。この活動を紹介した地元の新聞記事によれば、次のようにある。

鳴門市の北灘、瀬戸両町の住民有志が、地元に室町時代から伝わる猿退治の伝説を基に、町おこしを計画している。草木に覆われたまま山中に残っている珍しい「猟師の墓」と「猿の墓」を史跡として掘り起こしPRする。山道などの整備を始めており、「将来は観光スポットになれば」と構想を膨らませている（『徳島新聞』二〇〇三年六月一五日）

町おこしは、猿やイノシシによる食害防止を祈願するために定期的に墓を訪れて供養していた北灘町の猟師と、地域活性化に取り組む瀬戸町の住民が企画。ハイキングや散歩に訪れる人を増やすために、雑木や雑草を伐採して山道を整備して、数ヵ所に案内板を設置した。また、子供たちに関心をもってもらうために伝説を紙芝居にして小学校で公演し、さらに猿と猟師の墓までのハイキングコースに遠足に連れて行くなどの活動を行っている。

民話のふるさと

民話による町おこしといえば、岩手県遠野市の活動がまず思い浮かぶ。遠野市は、柳田國男が一九一〇年に刊行した民話集『遠野物語』によって有名となり、高度経済成長期以降は、「民話のふるさと」として脚光を浴び、ノスタルジーを求める人々が訪れる観光地として定着している。このような遠野の民話観光を事例に取り上げた研究では、遠野の人々は外部の視線によって構成された「民話のふるさと」という自己イメージにたんに従属させられている受動的な存在ではなく、それに抵抗し積極的に自己イメージを利用していると見なして、人々の主体的な活動に着目してきた。これらの研究は、そうした人々の主体性を高く評価し、観光において創り出される文化も現地の人々にとっては真正な文化であると主張して、文化の創造的な側面を明らかにする新たな視点を提供してきた(1)。

しかし、遠野市の場合とは異なり、この地域が以前から民話によって知られていたわけではない。先の新聞記事には、「学校の遠足で来てもらうなど、まずは多くの人に（猟師と猿の）墓の存在をPRしたい。大麻《おおあさ》町の人たちとも協力しながら、山を挟んだ両地域の活性化と交流につなげたい」という住民の談話が掲載されている。この伝説自体、地元ですら知られているわけではないことがわかる。

つまり、この地域の町おこしは、他者によって構成された自己イメージに抵抗したり、利用したりというよりは、むしろ、地域の住民の交流を活発にすることで、地域の生活環境や人間関係を新たに立て直したいという実際的な課題に応えようとするものなのである。その過程で、これまでほとんど知られていなかった民話を再発見することになったのである。

ここでは、民話を利用することによって、自分たちの足元にある地域の生活環境や人間関係をどのように築いていこうとしているのか、人々の実践に注目してみたいのである。

2　猿退治伝説の読み方

民話集から

この伝説の概要を、地元の民話集『阿波の語りべ』に掲載された「狒々猿の墓と猟師の墓」と題された話から紹介してみよう(2)。

昔、大麻山附近の山に猿の大群が棲み、それを支配する親分猿は人の言葉が分り霊力を持ち、しばしば麓の作物や人畜にまで被害を加えるようになった。この時播州(兵庫県)に有名な兄弟の猟師がおり、兄は鉄砲の名手で弟は弓の名手であった。この話を聞き兄が先ず賢い犬を連れて猿退治に来た。山の近くにはあばら家が一軒あって一人の老婆が糸をつむいでいたので、猟師が猿のよく出る所を聞くと丁寧に教えてくれたが「何発弾を持っているか」と尋ねた。猟師は「十発持っている」と答えたが、実は老婆は猿の化身であった。山へ登ると猿が居たので早速猟師は鉄砲に弾を込めて猿の心臓部をねらって一発はなした。ところが猿は釣鐘をかぶっていたから十発撃ちつくしても殺すことが出来ず、撃ち終わるや否や猟師に襲いかかり食い殺してしまった。犬は血に染まった猟師の袖をくわえて播州に帰った。

兄の非業の死を知った弟は犬の案内で兄の仇を討つべく強弓を持って大麻山へ来た。老婆に道を聞き、また尋ねられるままに「矢を十本持っている」と答えてしまった。老婆と別れてしばらく行くと、犬が急に見えなくなったので、どうしたのかと思っていると、まもなく茅を一本くわえてきて猟師の行く手を妨げた。ここで猟師も事の次第を悟り、その茅で一本の矢を作りえびらにさし一本の鋭い矢を別の所へかくし持った。犬は納得して猟師を猿の居る所へ案内した。猿は既に釣鐘をかまえて待っていたが、弟が十本打ち尽したので猿は安心してゆっくりと猟師に向って来た。猟師はすばやくかくし持った矢を取り出し弓につがえるや至近距離から猿の心臓をねらって放したところ、ねらいはあやまたず猿の心臓を貫いた。村人は猟師に感謝すると共に、狒々猿の祟りを恐れてお墓を作り丁寧に葬った。また後に非業の死をとげた猟師の墓も故郷播州を望むことのできる丘に立てた（徳島県老人クラブ連合会 1998: 162–163）。

人間の言葉を理解する霊力を持った猿と、猟師の兄弟との壮絶な戦いを描いた話である。この民話集には、ほかの話者による異文が掲載されている。それによると時代は足利時代の初め、文保二（一三一八）年、猿の大群が四、五百匹、親分の狒々猿は身の丈三メートルとされている。また、猟師の出身は播州の赤穂とされ、名前は兄が松田五郎、弟が松田義六、どちらも弓の名手となっている。さらに、大猿が持っていた釣鐘は、第二次大戦で供出するまで実在したと伝えている（徳島県老人クラブ連合会 1998: 28–29）。この異文では、年代や登場人物の氏名、物的証拠を明示しており、伝説としての特徴がより明確となっている。

また、『阿波の民話』では、隣村の猟師が一人で退治した話になっており、狒々が鉄砲の弾を釣鐘で防いでいると知った猟師は、逃げるふりをして、鉄砲の玉がなくなったと思わせて、狒々が追いかけてきたところを、撃ち殺したことになっている（湯浅 1971: 134–137）。また、『北灘東小学校沿革史』には、猟師の弟の名前が槇田平八郎となっている(3)。また、江戸後期の文化九（一八一二）年刊の『燈下録』（『新編阿波叢書』上巻〔1976〕所収）には、地元の大谷村の猟師が一人で犬とともに猿を退治したことになっており、猿との戦いで死んだ犬を弔うために、猟師が石塔を建てたという(4)。

このように、この「猟師と猿の墓」伝説にはいくつかヴァリエイションが存在する。ここで注目したいのは、全国各地で伝えられている猿退治伝説とは異なる点である。よく知られているように、民話の研究者たちが長らく強い関心をもってきたのは、「猿神退治」の話である。その理由は、物語のなかに描かれた「生贄」というショッキングな習俗が研究者たちの関心を引いたからである。

かつて私たちの祖先は共同体を守るために、自分たちの仲間を犠牲にしてきたのではないか。これが事実ではなかったとしても、共同体のために誰かを犠牲にしても仕方がないとする心理、むしろそれを当然とする思想があったのではないか。それは現代の私たちにも受け継がれているのではないか。こういった好奇心や恐怖心も働いたからだろうか、猿退治伝説はこれまで多くの研究者の関心を集めてきたのである。ところがこの伝説は、生贄のモチーフが欠如している点で典型的な猿神退治とは異なるのである。

では、この伝説をどのように理解すればよいだろうか。猿が老婆に化けたり、兄が殺されて弟が敵討ちを果たすといった特徴を重視すれば、これは関敬吾編『日本昔話大成』に分類されている「三人兄弟・化物退治」型に近い話の筋をもった伝説であることがわかる（関 1978a）。化物退治譚に関するこれまでの分析方法を踏まえれば、「他者」に対する人間の潜在的な恐怖心や排除の思想などを、この伝説から解読することも可能だろう(5)。

民話の新たな語り出し

このように、民話をテキストと見なして、そのテキストの秘められた意味を記号論や構造分析などの方法を用いて明らかにする方法を、ここでは「内在的読解」と呼ぶことにしたい。これを内在的読解と呼ぶのは、テキストの内側には隠された本当の意味があり、研究者は特別な分析方法を用いることで、その意味を解明できると考えるからである。たとえば人身御供譚の場合であれば、生贄という習俗によって秩序を維持しようとする共同体の構造がテキストの内側から浮かび上がるというわけである。

しかし、ここでの関心は、研究者がテキストの内側に何らかの意味を読み込むことではない。この伝説を再発見した人たちが、そこから何を新たに読みとったのか、また、それによって何をもたらそうとしているのかに関心があるのである。

3　再生する民話

猿と猟師の墓を訪ねる

以上のような関心から、私は鳴門市の教育委員会に連絡をとって、「猿と猟師の墓」伝説による町おこしを企画したＹさんを紹介してもらった。Ｙさんの案内で、保存会のメンバーが整備したという山道を歩いて、まず猟師の墓を見学した。教育委員会の文化財担当者も同行した。

以前、地元の猟友会が建てた「猟師の墓」と刻まれた石碑と、その裏には猟師の墓だという古い石塔があった（写真8－b）。猟師の墓からは、瀬戸内海をはさんで猟師の故郷である播州が見えるように雑木が伐採されていた。その際、僧侶に読経をしてもらい猟師の供養もしたという。Yさんは猟師の墓とされる石塔を文化財に登録したいと、教育委員会の担当者に語っていた。しかし、伝説に基づいて石塔を文化財に登録するのは難しいとのことだった。

次に猿の墓に向かった。曲がりくねった山道を時間をかけて歩くことになった。やがて、「狒猿の墓」と刻まれた石碑が見えてきた。その側には小さな石造の祠が置いてあった（写真8－c）。

Yさんは山道を歩きながら、猿と猟師の墓の伝説に着目した理由を「共助の精神」を養うためだと語った。つまり、天ヶ津峯を挟んだ猿の墓と猟師の墓を結ぶ山道を整備してハイキングコースにすることによって、ハイキングに訪れる人たちを増やし、ハイキングを通して共助の精神を養おうというのである。

共助の精神

住民有志の会は「猿と猟師の民話の里」天ヶ津ハイキングコース整備準備会として始まった。その「設立趣旨」は、次の通りである。

人間に危害を加えていた猿を退治しようとした猟師が返り討ちに遭い殺され、弟がかたきを討ったとの伝説にまつわる。大麻町と北灘町の分水嶺、天ヶ津峯《あまがつみね》（標高四三四メートル）を中心として北に

写真 8-b　猟師の墓
徳島県鳴門市　2006 年 2 月 27 日筆者撮影

写真 8-c　狒猿の墓　同上

殺された猟師の墓、南に猿の墓があり頂上付近には天ヶ津神社がある。墓の存在は、平穏な生活や猟師の安全を祈る対象として地元の住民には古くから知られており、一九八二（昭和五七）年には大谷青年団が中心に山道の整備や桜の苗木を植え祭りも行っていたが、最近では一部の登山者や郷土史家にしか知られていないことから、草木に覆われたままになっていた。猿やイノシシによる食害防止のために定期的に墓を訪れて供養をしていた北灘町の猟師と、地域活性化に取り組む、瀬戸町、大麻町が共同で歴史や自然を中心とした整備を行うことによって、地域のコミュニティ意識を醸成し、地域の活性化を図ることを目的とする。

会則には、「第二条　会員は、ボランティア精神旺盛で、本会設立趣旨に賛同した者をもって構成するとし、「第三条　本会は、地域内の住民が互いに連携し、自主的な活動を通じて地域のコミュニティ意識の醸成と、地域の活性化並びに交流を図る」と書かれている。

「地域のコミュニティ意識の醸成」を目的に掲げるように、ここには地域のコミュニティ意識に対する危機感がある。言い換えれば、この活動の出発点には、この地域には彼らが考えるような共同体が不在という認識がある。ここには、地域という言葉が地理的・空間的概念ではあっても、共同体的概念ではないという認識が示されている。この地域と彼らが考える共同体とのズレをどのように埋めていくのかが、現実的な課題として生じているのである。

「猿と猟師の墓」伝説の再発見と新たな語り出しは、このような認識を背景にした、彼らの考える共同体を創出するための実践的な言説といえるだろう。ここで用いる「実践的」という言葉には二重の意味が込められている。一つは、共同体を創出するという実際的な目的のために語り出された言説という意味であるが、もう一つは、ハイキングコースの整備に見られるように、人々がそこをともに歩くことによって、コミュニティ意識の醸成が可能になるという、身体論的な視点をもつ言説という意味である。

日常的な実践

この視点は、紙芝居の企画にも現れている。Yさんから譲り受けた紙芝居のCD―ROMを見ると、画は見事な出来栄えで、話の筋も民話集をもとに肉付けされて、「猿の墓と猟師の墓　愛と勇気の物語」というタイトル通りの物語に仕上がっていた（図8-a、8-b）。

紙芝居には、伝説にはなかった、猿退治以前の村人と猿との平和な共存関係を描いた場面と、猿退治以後の猿と村人との和解の場面が付け加えられている。そして、大麻山の木こりの息子「太助」と、太助が仲良くなった小猿の「佐助」という主要な登場人物が付加されており、太助と佐助の関係の変化を軸として、この伝説が包み込まれるように構成されているのである。内容を簡単に紹介しよう。

大麻山は、豊かな自然に恵まれ、村人は猿やイノシシとも平和に暮らしていた。太助と小猿の佐助は仲良くなり、村の子供たちと毎日一緒に遊んでいたが、ある日突然、佐助がやって来なくなる。その頃から仲良しだった猿たちが、畑を荒らしたり、家畜に手を出し、さらに村人にも危害を与えて大怪我をさせるようになる。その理由は、身の丈三メートルもある霊力をもった大猿が猿を支配し始めたからで、猿たちは大猿に逆らえず、「心まで支配されてしまった」からである。

図 8–a　紙芝居「猿の墓と猟師の墓～愛と勇気の物語～」表紙

図 8–b　同上　猿退治の場面

そこで村人は、「大猿さえ退治できれば、もとの平和が取り戻せる」と考えて、大猿退治を猟師に依頼する（この後は、ほぼ伝説の通りである）。そして、猿退治の十年後のエピソードが加えられている。十年間、毎日猿たちが死んだ猟師の墓に花や果物を供えていたことを、大人になった太助が発見し、そこで佐助に再会する。太助は仲の良かった猿を本心から信じていなかったことを反省し、このことを村人に伝え、猿と村人との交流が復活する。

紙芝居の作者Ｏさんは、この民話に興味をもった理由を、紙芝居の「はじめに」の中で、次のように述べている。

それらのごく短いストーリーには、共通の想いが感じられた。それは、現代では失われようとしている「愛と勇気」であった。「義侠心」という言葉がまさに当てはまる。誰か困っている人がいれば、じっとしていられない。それは打算的ではなく自然な感情であって、いわば当然のこととして行動できているのだ。反面「見て見ぬ振りをする」「感じても行動できない」「かかわりたくない」そして「代償を期待し、要求する」、これらの感情も当たり前に存在する。これらの感情は、直面する問題が困難なほど、我々の心の中に増殖する。「幸せ」を想うとき、当然のことながら自分のそれを一番に考える。家族・親戚・友人・同僚……。順位は人それぞれであろうが意識の中に必ず備えたいものがある。それは「みんなの幸せを思う心」である！　その感情こそが「ボランティア精神」であり、行動が「ボランティア活動」ではなかろうか。

Oさんは、さらにこの紙芝居を作った目的について、「郷土の子供たちに、何かを伝えたい『民話の本心』を私なりに捉えて表現しようと試みた」として、「『助け合いの心』『感謝の心』『動物への愛護の心』『信頼と絆』そして『愛と勇気』を伝えたい」と述べる。

この猿退治伝説は、紙芝居化されることによって、Yさんのいう共助の精神を涵養するための装置として再生することになった。小学生の頃からこの民話を紙芝居によって繰り返し聞かせ、さらにこの伝説の舞台となったハイキングコースに遠足に行くことによって、心身一体となって共助の精神が涵養されるのである。

猿退治伝説を活用した町おこしの活動は、Yさんをはじめとする保存会のメンバーにとって、自分たちの生活環境や人間関係を組み立てていく日常的な実践であり、そのうえに生まれた活動と理解しなければならない。それは、彼らが希求する人間関係を築くための実践的な営みなのである。

4　歴史と伝説の論理

民話の遺跡化

以上のように、これまでほとんど知られていなかった民話が再発見されて、人々の生活環境や人間関係を新たに築いていくために活用されることが見えてきた。民話は遠い過去の荒唐無稽な話から、人々が直面している実際的な課題に応える「生きている民話」として再生したのである。

さて、猿退治伝説が「生きている民話」として再生するためには、さまざまな工夫が必要であった。

一つは、それまで一部の登山者や郷土史家にしか知られていなかった猿と猟師の墓の所在を確認して、この墓に行くための山道をハイキングコースとして整備することであった。そしてもう一つは、この民話を「共助の精神」を語る物語として再構成し、紙芝居にして新たに語り出すことであった。

これに加えて、Yさんが試みたのは、猟師の墓を史跡に指定することによって、この民話を「史実」にしようということであった。この点について、「遺跡化」という観点から少し考えてみることにしたい。

民話は通常、「昔話」と「伝説」の二つのカテゴリーに区分されている。昔話は、「むかしむかし、あるところに」で始まるように、時や場所がはっきりしない、実際の出来事かどうかもわからない点に特徴がある。

一方、伝説は「何々時代の何々村の誰それという人が」といった具合に、時や場所、登場人物の名前などが固有名詞によって語られる点に特徴がある。また、その伝説が事実であったことを示すように、石や木、建造物などの物的証拠をともなうことが多い。その意味で、歴史学的には必ずしも正しくはないが、しかしそれを語り伝えてきた人々にとっては「歴史的事実」として受け入れられてきたといえる。

このように歴史学的には虚構の物語であるかもしれないが、それを語る当事者にとっては「真正の歴史」であるという伝説の両義的な性格は、いわゆる「歴史」との間で微妙な関係を生み出すことになる。

ここに鳴門市教育委員会が作成した「わざの回廊　大谷焼の里　るーとまっぷ」という、大谷焼の登窯を中心に周辺の文化財を紹介したパンフレットがある。そこには二二件の文化財の所在地が地図上に示されて、簡単な解説が付されている。これらを列挙すると、寺院、神社、古墳、大谷焼の窯、陶器の展示館、酒蔵、大谷川のゲンジボタル、貝塚、ドイツ橋などである。これらは「国登録有形文化財」、「国指定重要文化財」、「天然記念物」、「県指定史跡」などと説明されている。このなかに、猿と猟師の墓も「⑱猟師の墓・猿の墓」として記載されている。しかし、文化財や史跡ではない。解説には次のようにある。

伝説によると、昔、人の言葉を話す霊力をもった大猿が大麻山に棲み、たびたび山麓住民に危害を及ぼしていました。播州の猟師がこの大猿を退治しようとしましたがかみころされてしまいました。このとき連れていた犬の知らせにより、猟師の弟が仇をうちにやってきて、見事大猿を退治したと言われています。山麓の住民は大猿のたたりを恐れ、墓をつくり丁寧に葬ったといわれています。猿の墓は、文保二（一三一八）年の銘の墓石であったと言われています。また、猟師の墓は、暦応四（一三四一）年銘のある凝灰岩製の宝篋印塔で、今も播磨灘を望む大麻山麓にたたずんでいます。

この「猟師の墓・猿の墓」の解説だけが、ほかの文化財と異なって「伝説」となっているのである。この解説の納まりの悪さは、たとえば「史跡　大代古墳」や「史跡　鳴門市森崎貝塚」などの表記と比べてもわかる。これらが歴史学的に認められた名称を表記されているのに対して、「猟師の墓・猿の墓」だけが伝説上の名称だからである。しかし、これがほかの史跡とどのような違いがあるのかは、パンフレットを一見しただけではわからない。ほかの史跡とまったく同じ形式で掲載されているからである。

このパンフレットに「猟師の墓・猿の墓」が掲載されることになったのは、Yさんたち保存会の活動の影響によるものであることは間違いない。学術的には史跡となることは難しいが、パンフレット上は史跡と同等の扱いを受けている。パンフレット上にほかの史跡と同等に表象されるということは、この伝説を信じて語る人々の範囲とこの地域がパンフレット上で重なることを意味している。言い換えれば、この伝説を信じる圏域としてこの地域を表象しようということである。それは紙芝居に描かれていたような、共助の精神に基づいた共同体として、この地域を再生させたいという願望の表れなのである。

遺跡化という現象

ここには、それを信じて語る人々にとっては歴史的事実であるという伝説の特性が、戦略的に生かされていることがよくわかるだろう。

伝説は、さまざまな事物の起源の説明として語られているように、過去にあったとされる出来事を語ることによって、現在の人々の生活環境や日常的な行為に意味を付与し、正当性を与える役割を果たしている。それが可能になるためには、伝説は自らに信憑性を与えなければならない。それゆえ、石や木、建造物などのさまざまな物的証拠を創出していく。この伝説の場合は、自らの信憑性を高める物的証拠としてパンフレットが選ばれたというわけである。

たとえば、遺跡が発見されることがある。ふつうは、発見されるはるか前からそこに遺跡は存在していたと考える。しかし、見方を変えれば、それまで遺跡ではなかったものが、研究者によって遺跡と見なされるようになったのである。こうした遺跡の発見が可能になる背景には、「遺跡」という学術的概念の成立が前提となっている。「遺跡」概念の成立によって、近代以降、さまざまな場所に「遺跡」が見出されるようになったのである。そして、これら数多くの「遺跡」に身体を借りることによって、「歴史」はリアルな存在としてその姿を現すことになる。

通常は、考古学や歴史学という学問では、このような遺跡化という現象は見えないようになっている。しかし、意識的・無意識的に隠蔽されているだけで、この論理は伝説と基本的には変わりはない。伝説と歴史との差異は質的なものではないのだ。ただ、考古学、歴史学といった学術的言説が現在はまだ支配的な力を持っているというだけである。

しかし、現在では、もはや歴史学も唯一の客観的な歴史を主張することはできないという認識が拡がりつつある。こうしたなか、それぞれ相反するような事実を主張するさまざまな歴史が、自らの信憑性を獲得するために、さらに過激に遺跡化を進めることになるだろう。各地に続々と建設される歴史博物館や戦争・災害に関する資料館なども、こうした観点から捉えることが可能ではないだろうか。

5　猿退治伝説の再生の背景

最後に、猿退治伝説が再生した背景について触れておこう。じつは、この地域は猿害の被害が深刻な地域なのである。この点については、拙稿（2008）で詳しく紹介しているので、ここでは簡単に触れるにとどめたい。

設立趣旨にもあったように、この活動には、「猿やイノシシによる食害防止のために定期的に墓を訪れて供養をしていた北灘町の猟師」が重要なメンバーとして参加していることを思い出してほしい。

猟師のMさんは、約四十年間、市の要請で有害獣駆除を行ってきた。有害獣駆除は、鳴門市の猟友会のメンバーから三〇人が、県の農林事務所から許可を受けて行っている。駆除の期間は、猟期の終わった四月から九月半ばぐらいまで、何度か延長されながら設けられる。駆除の対象は、猿とイノシシが中心である。

この地域の有害獣のなかでは、猿による被害が深刻で、被害の激しい、鳴門市の北灘や粟田では、農作物への被害、道路沿いの商店に陳列している食料品への被害、民家や幼稚園、小中学校などの校庭に出現し、児童・生徒を威嚇するなどの被害があり、Mさんはこれに対処してきた。

しかし、Mさんが、有害獣駆除の仕事を反省的に捉え返して、その意義を積極的に見出し、この仕事をやり続けようという決心するきっかになったのは、最近のことなのである。それは、この町おこしの活動に参加したことがきっかけであった。

Mさんがこの活動に参加したのは、山中のどこに所在するのかわからなくなっていた猿と猟師の墓に至るまでの道案内を頼まれたことがきっかけである。猟師として長年、山を歩いてきたMさんにしかできない仕事である。そして、この活動が地元放送局から取材を受けることになった。その時に、Mさんは、猿を退治した伝説の猟師に自分をなぞらえて、自分が有害獣駆除をやらなければならないと、心ひそかに誓ったという。

これは町おこしの活動への参加をきっかけに、猿退治伝説と有害獣駆除の仕事がMさんのなかで一つに結びついたことを示している。つまり、猿退治伝説が再発見されて、再び語り出されるようになった背景には、この地域において猿害駆除の言説が登場してきたという事態があるように考えられるのである。このことは、伝説が「紙芝居」として再生するにあたって、話の冒頭に「猿害」の状況をはっきりと描き込んでいることにも、よく表れているのである。

町おこしへの参加をきっかけに、日々行っている有害獣の駆除の行為が、Mさんに猿に殺された伝説の猟師の記憶を想起させる行為となったのである。また、Mさんは毎年、猟師仲間数人で費用を集めて市内の寺院に依頼して、駆除された有害獣の供養を営んできた。このような殺された有害獣の供養と重ねあわされるように、弟の猟師に殺された伝説の大猿の記憶をも想起させているのである。

死者の記憶がよみがえるとき、それがどのような状況においてなのか、私たちはフィールドの現場からしっかりとそれを把握する必要があるだろう。そこには、もう一つの別の死が背景になっているかもしれないからである。

注

（1）この立場の代表的論考は、太田（1998）。この枠組みを前提として、民話観光における「語り部」という個人の活動を積極的に捉える川森（1996）もある。なお、これらの構築主義的な研究の論点に関する批判的整理は足立（2000）を参照。

（2）戦前には『堀江荘史』（1918）、『板野郡誌』（1926）などの自治体史や、林崎尋常小学校『郷土読本』（1928）などに収録されているとされる（氏橋 1987）。

（3）『沿革史』を閲覧させてくださった北灘東小学校に感謝したい。なお、氏橋（1987: 55）にも『沿革史』記載の猟師の姓名について言及がある。

（4）『燈下録』記事は、鳴門市教育委員会の森清治氏からの私信による。
（5）分析の実際については、上野（1985）や赤坂（1985）、小松（[1985] 1995）などを参照。

あとがき

各章に収録した論文の初出は次の通りである。本書に収録するにあたって、一部の語句や表現の修正にとどめたものから、全面的に書き直したものまである。

第1章 「森の〈道〉からの来訪者―外来者をめぐるフォークロア」
田中きく代・阿河雄二郎編『〈道〉と境界域――森と海の社会史』昭和堂 二〇〇七年

第2章 「神話としての貨幣論―昔話「笠地蔵」の分析をめぐって」
『比較日本文化研究』第三号 一九九六年

第3章 「貨幣と他者性―貨幣の民俗学ノート」『日本学報』第一七号 一九九八年

第4章 「憑依と名乗り―民俗学における「自己」の問題」
『九州人類学会報』第二五号 一九九八年

第5章　「死者と想像力―日本における他者像の構成」『日仏社会学会年報』第一一号　二〇〇一年
第6章　「古墳と陵墓」
荻野昌弘編『文化遺産の社会学――ルーヴル美術館から原爆ドームまで』新曜社　二〇〇二年
第7章　「人物記念行為と地域表象―本居宣長の歴史的遺産と集合的記憶」
『日仏社会学叢書第四巻　日仏社会論への挑戦』恒星社厚生閣　二〇〇五年
第8章　「民話―なぜ、猿退治伝説は再び語り出されたのか？」
小川伸彦・山泰幸編『現代文化の社会学入門――テーマと出会う、問いを深める』ミネルヴァ書房　二〇〇七年

本書の出発点となった基本的なアイデアの始まりは、大学院の学生時代に遡る。当時、小松和彦先生（国際日本文化研究センター教授）の下で指導を受けていた私は、小松先生の「異人論」の強い影響のもとで研究生活を送っていた。その頃、私が考えていたのは、「異人論」以前と「異人論」以後について探ってみたいということであった。

「異人論」以前とは、「異人殺し」のモチーフが生成される条件を、神話＝フォークロアそれ自体の論理から導き出したいというものであった。第2章および第3章に収録した論文は、それを私なりに試みたものである。また、第1章では、神秘的な外来者のフォークロアを広く取り上げて、あらためて「異人殺し」のモチーフの周辺をラフスケッチしたものである。

そして、「異人論」以後とは、貨幣経済の浸透によって、最終的に村落共同体が解体されるという

「異人論」の結論とは異なり、貨幣経済を受容しながら、村落共同体がどのように再編成されたのか、という別のストーリーを考えるというものであった。これに最初の手掛かりを与えてくれたのが、子安宣邦先生（大阪大学名誉教授）の思想史的なアプローチの方法であった。そして、思想史的アプローチをどのように取り入れるべきか暗中模索していた時に出会ったのが、荻野昌弘先生（関西学院大学教授）の社会学的なアプローチであった。そこには、フォークロアと思想史の素材を用いながら、共同体論を近代化論へ開いていくための道筋が示されていた。第4章および第5章に収録した元の論文は、その頃の試行錯誤の産物である。

その過程で、私は「死者」や「死霊」という概念が、近代化によって破棄されるのではなく、むしろ近代社会を築いていくうえで、重要な役割を果たしたのではないかと気づくことになった。これを踏まえて第6章に収録した論文は、古墳や陵墓といった「死者」の記憶装置の整備の過程を追跡することで、死者の記憶を利用した近代化の側面を照らし出そうと試みたものである。

さらに、第7章では、近代化の過程で創り出された死者の記憶が、それぞれの地域社会において、どのように利用されているのか、地域のアイデンティティ形成や地域表象について考察した。第8章では、死者の記憶を伝える伝説や墓が地域の文化資源として再発見され、地域づくりに活用されるケースについて取り上げて検討したものである。「死者」や「死霊」という視点の確立が、私をあらためてフィールドに向かわせることになったのである。

本書の刊行に至るまでには、じつに多くの方々にお世話になった。とくに、小松和彦先生、子安宣邦先生、荻野昌弘先生に感謝したい。また、編集にあたってくだった、新曜社の小田亜佐子さんに感謝したい。

なお、本書は、関西学院大学に提出した、博士（社会学）学位論文『神話の構造と生成の研究』（乙社第24号）をもとに、その後の成果を組み込み、いくつかの章を外すなどして、全体的に構成を組み直し、さらに思い切って分量も半分程度まで絞ったものである。出版にあたっては、関西学院大学から助成を受け、関西学院大学研究叢書第129編としていただいた。記して感謝したい。

二〇〇九年二月十日

著者

参考文献

足立重和, 2000,「伝統文化の説明—郡上踊りの保存をめぐって」片桐新自編『歴史的環境の社会学』新曜社, 132–154.

赤坂憲雄, [1985]2001,「人身御供譚への序章」小松和彦編『怪異の民俗学 7　異人・生贄』河出書房新社, 150–175.

Anderson, B., [1983]1991, *Imagined Communities: Reflections on the Origin and Spread of Nationalism,* rev. ed., Verso. =1997, 白石さや・白石隆訳『増補 想像の共同体——ナショナリズムの起源と流行』NTT 出版.

青山一郎, 1934,「阿波の尼塚」『旅と伝説』7(2): 37–41.

浅野和三郎, 1968a,『幽魂問答』心霊科学研究会.

浅野和三郎, 1968b,『幽魂問答　続』心霊科学研究会.

芦屋市立美術博物館編, 1993,『特別展　古墳と伝承—移りゆく〝塚〟へのまなざし—』芦屋市立美術博物館.

Bloch, M., 1986, *From Blessing to Violence : History and Ideology in the Circumcision Ritual of the Merina of Madagascar*, Cambridge University Press. =1994, 田辺繁治・秋津元輝訳『祝福から暴力へ——儀礼における歴史とイデオロギー』法政大学出版局.

崔仁鶴, 1976,『韓国昔話の研究——その理論とタイプインデックス』弘文堂.

千葉徳爾, 1952,「座敷童子」『民俗学研究』3: 61–84.

土井光一郎, 1992,「中世墓に対する一考察—奈良県内における古墳石室再利用の中世墓について」『花園史学』13 号 : 67–89.

Durkheim, E., 1912, *Les Formes élémentaires de la vie religieuse : le Système Totemique en Australie*, Alcan. =1975, 古野清人訳『宗教生活の原初形態(上・下)』岩波文庫.

Freud, S., 1925, “*Totem und Tabu* : *Einige Übereinstimmungen im Seelenleben der Wilden und der Neurotiker*”, Internationaler Psychoanalytischer Verlag. =1970, 吉田正己訳「トーテムとタブー」『文化論』日本教文社, 135–398.

Friedman, M., 1992, *Money Mischief: Episodes in Monetary History*, Harcourt Brace Jovanovich.=1993, 斉藤精一郎訳『貨幣の悪戯』三田出版会.

藤澤衛彦, 1917,『日本伝説叢書　阿波の巻』日本伝説叢書刊行会.

藤谷俊雄, 1968,『「おかげまいり」と「ええじゃないか」』岩波書店.
福岡市教育委員会, 1986,『福岡市埋蔵文化財調査報告書　丸隈山古墳Ⅱ』第 146 集.
福岡市教育委員会, 1996,『福岡市埋蔵文化財調査報告書　兜塚古墳』第 474 集.
Ginzburg, C., 1989, "L'inquisitore come antropologo," *in: Studi in onore di Armando Saitta dei suoi allievi pisani*, acura di Regina Pozzi e Adriano Prosperi, pp. 23–33. Giardini editori e stampatori in Pisa＝1991, 上村忠男訳「人類学者としての異端裁判官」『思想』803: 26–38.
Girard, R., 1972, *La violence et le sacré,* B. Grasset. ＝1982, 古田幸男訳『暴力と聖なるもの』法政大学出版局.
郷田洋文, 1954,「家の盛衰と伝説」『日本民俗学』1(4): 24–35.
Halbwachs, M., [1950]1968, *La Mémoire collective*, 2 ed. rev. et augm, Presses Universitaires de France.＝1989, 小関藤一郎訳『集合的記憶』行路社.
浜日出夫, 2000,「記憶のトポグラフィー」『三田社会学』5: 4–16.
浜田寿美男, 1988,『狭山事件虚偽自白』日本評論社.
浜田青陵, [1929]1976,『考古学入門』講談社学術文庫.
浜本満, 1989,「死を投げ棄てる方法」田辺繁治編『人類学的認識の冒険』同文舘, 333–356.
長谷部八朗, 1992,「神道の憑きもの落とし—『蟇目の法』をモチーフとして」小松和彦編『憑霊信仰』雄山閣, 287–307.
日野龍夫, [1977]2004,『江戸人とユートピア』岩波現代文庫.
平田篤胤, [1805]1973, 田原嗣郎ほか校注,「新鬼神論」『日本思想史大系 50　平田篤胤　伴信友　大国隆正』岩波書店.
平田篤胤, [1813]1998, 子安宣邦校注『霊の真柱』岩波文庫.
今村仁司, 1994,『貨幣とは何だろうか』ちくま新書.
今尾文昭, 1996,「天皇陵古墳をめぐるうごき」『歴史学研究』687: 42–47.
稲田浩二・小澤俊夫編, 1978,『日本昔話通観　18 巻　島根』同朋舎.
稲田浩二・小澤俊夫編, 1981,『日本昔話通観　12 巻　山梨・長野』同朋舎.
稲田浩二・小澤俊夫編, 1982,『日本昔話通観　4 巻　宮城』同朋舎.
稲田浩二・小澤俊夫編, 1986,『日本昔話通観　8 巻　栃木・群馬』同朋舎.
井上俊, 1997,「動機と物語」『岩波講座現代社会学第 1 巻　現代社会の社会学』岩波書店, 19–46.
石部正志・宮川徏, 1986,「『天皇陵』と考古学」『岩波講座日本考古学第 7

巻　現代と考古学』岩波書店，233–270.
石塚尊俊，［1959］1999，『日本の憑きもの――俗信は今も生きている』未来社.
伊藤篤，1997，『福岡の怨霊伝説』海鳥社.
伊藤幹治，1995，『贈与交換の人類学』筑摩書房.
糸島新聞社，1995，『糸島伝説集』糸島新聞社.
岩井克人，1993，『貨幣論』筑摩書房.
岩井克人，1994，『資本主義を語る』講談社.
城陽市歴史民俗資料館編，1995，『常設展示案内　古墳のまつり』城陽市歴史民俗資料館.
桂井和雄，1976，「遍路や六部などの持ち金を盗んだ家筋の話」『季刊民話』7: 65–70.
川合勇太郎編，［1930］1973，『津軽むがしこ集〈復刻版〉』津軽書房
河上邦彦，1996，「飛鳥の古墳」河上邦彦・菅谷文則・和田萃編『飛鳥学総論　飛鳥学第 1 巻』人文書院，150–249.
川森博司，1996，「ノスタルジアと伝統文化の再構成―遠野の民話観光」山下晋司編『観光人類学』新曜社，150–158.
川森博司，2000，『日本昔話の構造と語り手』大阪大学出版会.
川村邦光，［1989］1997，『幻視する近代空間――迷信・病気・座敷牢あるいは歴史の記憶[新装版]』青弓社.
Keene, D., 1952, *The Japanese Discovery of Europe: Honda Toshiaki and Other Discoverers, 1720–1798*, Routledge & Kegan Paul. =1982, 芳賀徹訳『日本人の西洋発見』中央公論社.
清野謙次，1955，『日本考古学・人類学史』下巻，岩波書店.
小林秀雄，1977，『本居宣長』新潮社.
小松和彦，［1982］1994，『憑霊信仰論――妖怪研究への試み』講談社学芸文庫.
小松和彦，［1985］1995，『異人論――民俗社会の心性』ちくま学芸文庫.
小松和彦，1987，『説話の宇宙』人文書院.
小松和彦，［1989］1997，『悪霊論――異界からのメッセージ』ちくま学芸文庫.
小松和彦，1995「異人論」，『岩波講座現代社会学第 3 巻　他者・関係・コミュニケーション』岩波書店，175–200.
小松和彦，2001，『神になった人びと』淡交社.

小松和彦編，1992，『憑霊信仰』雄山閣.
小松和彦編，2000，『怪異の民俗学 1　憑きもの』河出書房新社.
小松和彦編，2001，『怪異の民俗学 7　異人・生贄』河出書房新社.
近藤典二，1993，「幕末筑前の平田派国学」西日本文化協会編『福岡県史　通史編　福岡藩文化（上）』西日本文化協会，311–333.
近藤千雄編，1988，『実録・幽顕問答より　古武士霊は語る』潮文社.
子安宣邦，［1992］2002，『新版　鬼神論――神と祭祀のディスクール』白澤社.
子安宣邦，1992，『本居宣長』岩波書店.
子安宣邦，［1995］2000，『「宣長問題」とは何か』ちくま学芸文庫.
黒田一充，2004，『祭祀空間の伝統と機能』清文堂出版.
Lefebvre, H., 1974, *La Production de l'espace*, Anthropos. =2000, 斎藤日出治訳『空間の生産』青木書店.
Lehmann, Albrecht, 1999, *Von Menschen und Bäumen: Die Deutschen und ihr Wald*, Rowohlt.=2005, 識名章喜・大渕知直訳『森のフォークロア――ドイツ人の自然観』法政大学出版局.
Leroi-Gourhan, A., 1964, *Le Geste et la parole*, Albin Michel. =1973, 荒木亨訳『身ぶりと言葉』新潮社.
Lévi-Strauss, C. , 1958, *Anthropologie structurale*, Plon. =1972, 荒川幾男ほか訳『構造人類学』みすず書房.
Mauss, M., 1968, *Sociologie et anthropologie: précédé d'une introduction à l'oeuvre de Marcel Mauss par Claude Lévi-Strauss*. 4.ed., Presses Universitaires de France. =1973, 有地亨ほか訳『社会学と人類学 I』弘文堂.
Marx, K., 1867, *Das Kapital: Kritik der politischen Ökonomie*, Hamburg: O. Meissner. =1969, エンゲルス編，向坂逸郎訳『資本論（1）』岩波文庫.
松本滋，1981，『本居宣長の思想と心理』東京大学出版会.
宮川徏，2000，「『陵墓』限定公開の成果と問題点―古墳外形研究の立場から」陵墓限定公開 20 回記念シンポジウム実行委員会編『日本の古墳と天皇陵』同成社 : 61–93.
宮本袈裟雄，1990，「家の衰退・没落伝承と祟り」竹田旦編『民俗学の進展と課題』国書刊行会，207–226.
最上孝敬，1950，「家の盛衰」『民間伝承』14(9): 1–6.
茂木雅博，1997，『天皇陵とは何か』同成社.
森浩一，2000，「仁徳陵から大山古墳へ―私の考古学人生と陵墓」陵墓限定

公開20回記念シンポジウム実行委員会編『日本の古墳と天皇陵』同成社, 3-32.
森浩一, 1965,『古墳の発掘』中公新書.
本居宣長記念館, 1981,『図説　本居宣長』.
本居宣長記念館ほか編, 2004,『21世紀の本居宣長』朝日新聞社.
六車由実, 2003,『神, 人を喰う——人身御供の民俗学』新曜社.
向日市教育委員会, 1995,『向日市埋蔵文化財調査報告書　物集女車塚古墳保全整備事業報告』第40集.
中沢新一, [1976]1985,「斬り殺された異人—通底器としてのフォークロア」小松和彦編『日本昔話研究集成1　昔話研究の課題』名著出版, 362-376.
西田素康, 1986,『なると歴史散歩』徳島県出版文化協会.
西宮市立郷土資料館編, 1990,『西宮ふるさと民話』西宮市教育委員会.
西山卯三, 1988,「序　松阪の町づくり」『伊勢松阪——町並みと歴史遺産』財団法人観光資源財団, 4-5.
野村純一編, 1972,『笛吹き聟（最上の昔話)』桜楓社.
宣長さん200年実行委員会, 2002,『松阪学ことはじめ』おうふう.
大林太良, 1979,『神話と民俗』桜楓社.
小川伸彦, 2002,「モノと記憶の保存」荻野昌弘編『文化遺産の社会学——ルーヴル美術館から原爆ドームまで』新曜社, 34-70.
荻野昌弘, 1997,「保存する時代—文化財と博物館を考える」『ソシオロジ』42(2): 103-108.
荻野昌弘, 1998,『資本主義と他者』関西学院大学出版会.
荻野昌弘編, 2002,『文化遺産の社会学——ルーヴル美術館から原爆ドームまで』新曜社.
岡太神社社務所, 出版年不詳,『小松周辺の昔ばなし』.
大河内翠山（文）・井川洗厓（絵), 1936,『岩見重太郎』大日本雄弁会講談社.
大野道邦, 2000,「記憶の社会学—アルヴァックスの集合的記憶論をめぐって」『五十周年記念論集』神戸大学文学部, 165-184.
折口信夫, [1929]1954,「国文学の発生（第三稿)」『折口信夫全集』第1巻, 中央公論社, 3-62.
大阪府教育委員会, 1963,『大阪府の民俗1　大阪府文化財調査報告書』第13輯, 大阪府教育委員会.

大阪府小学校国語科教育研究会編集委員会編，1980，『大阪の伝説』日本標準.
太田好信，1998，『トランスポジションの思想——文化人類学の再想像』世界思想社.
大塚民俗学会編，1972，『日本民俗事典』弘文堂.
歴史読本編集部編，1992，「陵墓をめぐる宮内庁の国会答弁」『歴史読本　特集　天皇陵　未知なる遺産』6 月号，172–175.
西條益美，1985，『鳴門海峡』徳島教育図書.
斎藤忠，1971，『日本古代遺跡の研究　文献編下』吉川弘文館.
堺観光コンベンション協会編『堺　百舌鳥古墳群めぐり』堺観光コンベンション協会.
櫻井徳太郎編，1983，『地蔵信仰』雄山閣.
佐々木高弘，2003，『民話の地理学』古今書院.
佐々木徳夫編，1975，『日本の昔話 11　永浦誠喜翁の昔話』日本放送出版協会.
佐々木信綱，1917，『賀茂真淵と本居宣長』廣文堂.
佐藤伸雄，1995，「皇室と文化財」日本史研究会・京都民科歴史部会編『「陵墓」からみた日本史』青木書店，247–251.
関敬吾，1978a，『日本昔話大成』第 4 巻，角川書店.
関敬吾，1978b，『日本昔話大成』第 5 巻，角川書店.
関敬吾，1979，『日本昔話大成』第 7 巻，角川書店.
関本照夫，1988，「フィールドワークの認識論」伊藤幹治・米山俊直編『文化人類学へのアプローチ』ミネルヴァ書房，263–289.
新編阿波叢書編集委員会編，1976，『新編阿波叢書』歴史図書社.
庄野英二・中村浩編，1976，『大阪の伝説』角川書店.
杉島敬志，1995，「人類学におけるリアリズムの終焉」合田濤・大塚和夫編『民族誌の現在——近代・開発・他者』弘文堂，195–212.
橘弘文，1989，「『説話』と民俗社会」『民俗宗教』第 2 集，東京堂出版，233–250.
高田衛，1994，『新編　江戸の悪霊祓い師』筑摩書房.
高木博志，1999，「『仁徳天皇陵』を世界遺産に！」『歴史学研究』725: 32–35.
高木博志，2000，「近代の文化財行政と陵墓—皇霊と皇室財産の形成を論点に」陵墓限定公開 20 回記念シンポジウム実行委員会編『日本の古墳と天皇陵』同成社，115–131.

高橋紘，1987，『象徴天皇』岩波書店．
鷹野五郎，1933，『伝説の糸島』糸島新聞社．
玉城玲子，1988，「古文書・絵図にみる物集女車塚古墳」向日市教育委員会『物集女車塚古墳〈本文編〉 向日市埋蔵文化財調査報告書』第 23 集，387–416.
田中琢，1986，「総論―現代社会のなかの日本考古学」『岩波講座日本考古学 第 7 巻 現代と考古学』岩波書店，1–30.
田野登，2007，「都心周辺部にみえる岩見重太郎伝説―野里住吉神社一夜官女祭に関する言説の変容」『日本民俗学』249: 78–110.
寺岡伸悟，2003，「健康言説と空間実践」『地域表象過程と人間――地域社会の現在と新しい視座』行路社，266–287.
外池昇，1997，『幕末・明治期の陵墓』吉川弘文館．
外池昇，2000，『天皇陵の近代史』吉川弘文館．
徳島県老人クラブ連合会，1988，『阿波の語りべ』徳島県老人クラブ連合会．
戸塚ひろみ，1979，「『六部』殺しの深層」『民話と文学』6: 73–79.
坪井洋文，1989，『神道的神と民俗的神』未来社．
内田隆三，1996，『さまざまな貧と富』岩波書店．
内田隆三，2005，『社会学を学ぶ』ちくま新書．
上野千鶴子，1985，「異人・まれびと・外来王」『構造主義の冒険』勁草書房，66–102.
上野千鶴子，1996，「贈与交換と文化変容」『岩波講座現代社会学 第 17 巻 贈与と市場の社会学』岩波書店，155–178.
氏橋武敏，1987，『板東の山やま』（非売品）
梅原末治，1920，『久津川古墳研究』関信太郎．
山泰幸，1996，「反転する鬼神論―人類学的視点との接点」『江戸の思想』5，176–191.
山泰幸，2003，「記憶を祀る―『赤穂事件』記憶をめぐるモノと場所」大野道邦編『記憶と文化――「赤穂事件」記憶への文化社会学的アプローチ』2001–2002 年度科学研究費補助金研究成果報告書，奈良女子大学，81–105.
山泰幸，2008，「民話の環境民俗学―猿退治伝説と猿害問題のあいだ」山泰幸・川田牧人・古川彰編『環境民俗学――新しいフィールド学へ』昭和堂，211–229.
矢守一彦，1984，『古地図と風景』筑摩書房．

柳田國男，［1911］1963，「地蔵木」『定本　柳田國男集』 第 11 巻，筑摩書房，147–151.
柳田國男，［1918］1963，「民俗学上に於ける塚の位置」『定本　柳田國男集』第 12 巻，筑摩書房，512–516.
柳田國男，［1926］1969，「人を神に祀る風習」『定本　柳田國男集』第 10 巻，筑摩書房，472–498.
柳田國男，1931，「和泉式部の足袋」『旅と伝説』4(11)：2–24.
柳田國男，［1946］1969，「先祖の話」『定本　柳田國男集』第 10 巻，筑摩書房，1–152.
柳田國男監修・民俗学研究所編，1951，『民俗学辞典』東京堂出版.
柳田國男監修，1971，『日本伝説名彙』日本放送出版協会.
矢野敬一，1992，「『家』の盛衰―『異人殺し』のフォークロア」『口承文芸研究』15: 37–53.
横内祐人，1995，「『陵墓』研究文献一覧」日本史研究会・京都民科歴史部会編『「陵墓」からみた日本史』青木書店，253–265.
吉田敦彦，1990，『豊穣と不死の神話』青土社.
吉田禎吾，1972，『日本の憑きもの――社会人類学的考察』中央公論社.
吉田禎吾・上田将，［1969］1992，「憑きもの現象と社会構造―社会人類学的アプローチ」小松和彦編『憑霊信仰』雄山閣，169–199.
吉成直樹，1995，『マレビトの文化史――琉球列島文化多元構成論』第一書房.
吉沢英成，1981，『貨幣と象徴――経済社会の原型を求めて』日本経済新聞社.
湯浅良幸，1971，『阿波の民話』徳島市中央公民館.
由比章祐，1991，「宮崎大門『幽顕問答鈔』」『福岡地方史研究』29: 73–75.
和歌森太郎，［1951］1983，「地蔵信仰について」櫻井徳太郎編『地蔵信仰』雄山閣，45–71.

著者紹介

山　泰幸（やま　よしゆき）

1970年生まれ
大阪大学大学院文学研究科博士後期課程単位取得退学
現在　関西学院大学人間福祉学部准教授　博士（社会学）
専攻　民俗学，思想史，社会文化理論
著書　『環境民俗学』（編著）昭和堂，2008
『現代文化の社会学入門』（編著）ミネルヴァ書房，2007
『文化遺産の社会学』（共著）新曜社，2002　ほか

追憶する社会
神と死霊の表象史
関西学院大学研究叢書　第129編

初版第1刷発行　2009年4月30日©

著　者　山　泰幸
発行者　塩浦　暲
発行所　株式会社　新曜社
101-0051　東京都千代田区神田神保町2-10
電話（03）3264-4973（代）・FAX（03）3239-2958
E-mail：info@shin-yo-sha.co.jp
URL：http://www.shin-yo-sha.co.jp/

印刷・製本　長野印刷商工（株）　Printed in Japan
ISBN978-4-7885-1150-7　C3039

環境と差別のクリティーク
屠場・「不法占拠」・部落差別
三浦耕吉郎 著
A5判232頁
2200円

観光と環境の社会学
シリーズ環境社会学4
古川彰
松田素二 編
四六判312頁
2500円

生きられた法の社会学
伊丹空港「不法占拠」はなぜ補償されたのか
金菱清 著
四六判248頁
2500円

コモンズ論の挑戦
新たな資源管理を求めて
井上真 編
A5判232頁
3200円

コモンズをささえるしくみ
レジティマシーの環境社会学
宮内泰介 編
四六判272頁
2600円

里川の可能性
利水・治水・守水を共有する
鳥越皓之・嘉田由紀子
陣内秀信・沖大幹 編
四六判280頁
2200円

新曜社

表示価格は税別